la saga twilight

hésitation

LE GUIDE OFFICIEL DU FILM

MARK COTTA VAZ

hachette

L'édition originale de cet ouvrage a paru sous le titre :
The Twilight Saga : Eclipse, The Official Illustrated Movie Companion

Adaptation française et réalisation :

CASSI EDITION

Vanessa Blondel, Julie Bordes,
Anne Leignadier-Cotto,
Céline Trouvé

Hachette Livre, 43, quai de Grenelle, 75015 Paris.

ISBN : 978-201-202-005-4
Dépôt légal : juillet 2010
Achevé d'imprimer en France par Pollina - L22397
20-2005-5/01

À Stephenie Meyer, David Slade, et toute l'équipe d'acteurs et de techniciens qui ont permis au film *Hésitation* d'exister. Et à Edris Dade, qui a partagé ces moments *Twilight* dans le noir…

— MARK COTTA VAZ

Tout grand film est le résultat des talents combinés de centaines d'artistes et d'artisans dans des disciplines très diverses. *Hésitation* n'est pas une exception. Chacune des personnes suivantes nous a donné des indications sur la façon dont ce film a été créé et nous voulons les remercier de nous avoir généreusement accordé du temps et fait partager leur enthousiasme pour leur travail :

ROB FRIEDMAN, COPRÉSIDENT ET DIRECTEUR GÉNÉRAL, SUMMIT ENTERTAINMENT
PATRICK WACHSBERGER, COPRÉSIDENT, SUMMIT ENTERTAINMENT
DAVID SLADE, RÉALISATEUR
MELISSA ROSENBERG, SCÉNARISTE
WYCK GODFREY, PRODUCTEUR
KAREN ROSENFELT, PRODUCTEUR
BILL BANNERMAN, PRODUCTEUR ASSOCIÉ
JAVIER AGUIRRESAROBE, DIRECTEUR DE LA PHOTOGRAPHIE
PAUL DENHAM AUSTERBERRY, CHEF DÉCORATEUR
TISH MONAGHAN, CRÉATRICE DES COSTUMES
JEREMY BALL, COORDINATEUR DES EFFETS VISUELS, PRODUCTION
PHIL TIPPETT, RESPONSABLE DES EFFETS VISUELS, TIPPETT STUDIO
TOM GIBBONS, RESPONSABLE ANIMATION, TIPPETT STUDIO
ERIC LEVEN, RESPONSABLE DES EFFETS VISUELS, TIPPETT STUDIO
JON COWLEY, RESPONSABLE DES EFFETS VISUELS, IMAGE ENGINE
ROBIN HACKL, RESPONSABLE SÉQUENCES ET « PLATES » SUR PLATEAU, IMAGE ENGINE
SHAWN WALSH, PRODUCTEUR DÉLÉGUÉ POUR LES EFFETS VISUELS, IMAGE ENGINE
JOANN FOWLER, RESPONSABLE MAQUILLAGE, DEUXIÈME ÉQUIPE
GINA SHERRITT, STYLISTE COIFFURE PRINCIPALE
ALEX BURDETT, RESPONSABLE EFFETS SPÉCIAUX
JOHN STONEHAM JR, COORDINATEUR DES CASCADES
JONATHAN EUSEBIO, COORDINATEUR DES COMBATS
KIMBERLEY FRENCH, PHOTOGRAPHE DE PLATEAU
DOANE GREGORY, PHOTOGRAPHE, DEUXIÈME ÉQUIPE
ERIK FEIG, PRÉSIDENT PRODUCTION ET ACQUISITIONS, SUMMIT ENTERTAINMENT
GILLIAN BOHRER, RESPONSABLE DÉVELOPPEMENT, SUMMIT ENTERTAINMENT
ANDI ISAACS, VICE-PRÉSIDENTE EXÉCUTIVE ET DIRECTRICE DE PRODUCTION, SUMMIT ENTERTAINMENT

Autour de nous,
mes amis, mes voisins,
mes ennemis mangeaient,
riaient, dansaient,
inconscients de l'horreur,
du danger, de la mort
qui se profilaient.

Par ma faute[1].

SOMMAIRE

INTRODUCTION

ÉCLIPSE [eklips] **n.f. 1. Disparition temporaire complète ou partielle d'un astre due à son passage dans l'ombre ou la pénombre d'un autre. 2. Perte de la conscience ou du contrôle de la pensée pendant un court laps de temps. 3. Disparition momentanée de qqn, de qqch.**

— DÉFINITION DU *PETIT LAROUSSE*

Il se mit à pleuvoir, des gouttes glacées s'écrasèrent sur mes joues.

L'obscurité était trop épaisse pour distinguer autre chose que les triangles noirs des épicéas qui s'agitaient dans le vent. Une silhouette pâle se détachait sur les ténèbres… ou était-ce les contours flous d'un loup énorme ? Mes yeux étaient trop faibles pour le deviner.

Brusquement, Edward fut tout à côté de moi. Il se glissa dans la pièce, les mains encore plus gelées que la pluie.

— Jacob est dans les parages ? demandai-je en frissonnant quand il me prit dans ses bras.

— Oui. Esmé rentre à la maison.

— TIRÉ DU ROMAN DE STEPHENIE MEYER, *HÉSITATION*[2]

Une armée d'ombres

2042

Une nuit pluvieuse à Seattle. Les rues sont sombres et désertes ; seule une silhouette fait une pause à l'abri de l'auvent d'une boutique, avant de s'élancer sous le déluge. Tout à coup, son pas s'accélère à la vue d'une ombre menaçante qui plonge en piqué. Brumeuse incarnation d'un cauchemar vivant, elle l'accule dans une impasse, au bord de l'eau. La proie se fait sauvagement attaquer et son agresseur lui laisse la marque en forme de croissant d'une morsure, sceau de la fin de sa vie humaine et de sa renaissance sous les traits d'un vampire.

Frisson d'excitation garanti pour les fans devant l'une des premières scènes écrites pour le film *Hésitation*, d'après le troisième tome de la saga de Stephenie Meyer. Dans les romans, l'histoire est racontée par Bella Swan, la lycéenne qui rêve de vivre pour l'éternité avec son grand amour le vampire Edward Cullen, mais dans le film, tout commence avec une nouvelle victime de Victoria, l'étudiant Riley Biers transformé en suceur de sang. La créature rousse maléfique n'a d'autre but que venger la mort de son compagnon James, tué par Edward et Bella. Jouet de Victoria, Riley est chargé de créer une armée de jeunes vampires, destinée à attaquer Bella et le clan des Cullen. L'épisode de la création des vampires nouveau-nés, qui échappait d'abord à Bella et aux Cullen dans le roman, a permis à l'équipe du film une grande liberté d'adaptation, tout en restant fidèle à la mythologie de la romancière.

« Dans les deux premiers films, nous étions restés très proches du point de vue de Bella, commente Melissa Rosenberg, scénariste de toutes les adaptations pour le cinéma de la saga *Twilight*. Mais pour *Hésitation*, nous avons changé plusieurs fois de perspective, ce qui nous a permis d'explorer un peu le monde extérieur, tout en restant dans l'univers de Stephenie Meyer. »

« Comme dans les livres, c'est Bella qui raconte l'histoire, tout ce qu'elle ne voit pas elle-même reste *terra incognita*, fait observer David Slade, le réalisateur du troisième opus. Une partie de notre travail a donc consisté à combler les vides, et pour cela nous avons fait largement appel à Stephenie Meyer. Tous les événements mentionnés, même s'ils ne sont pas décrits dans les romans, ont existé. Par exemple, dans quelles circonstances Victoria et Riley se sont-ils rencontrés ? Stephenie était incroyable, elle avait toujours la réponse à toutes nos questions ! »

Comme les deux premiers films, *Hésitation* reste fidèle à l'œuvre de Stephenie Meyer, dont le fil conducteur est le trio amoureux entre Bella, Edward et Jacob. « Le premier film avait planté le décor : on faisait connaissance avec l'univers de *Twilight* et on assistait à la rencontre entre Bella

Xavier Samuel dans le rôle de Riley Biers.

Kristen Stewart dans le rôle de Bella Swan et Taylor Lautner dans le rôle de Jacob Black.

et Edward, raconte David Slade. *Tentation* était axé sur le conflit émotionnel qui bouleverse Bella dans sa relation avec Jacob. *Hésitation* montre à quel point le monde est *désormais* devenu compliqué. Les personnages ont gagné en maturité et l'histoire en densité. Les décisions que prennent les personnages dans chaque scène sont toutes porteuses de vie ou de mort. »

« Au cours du film, Bella prend connaissance du passé de Rosalie et de Jasper, consacre du temps à sa famille et à ses amis, réalisant qu'elle devra bientôt les quitter, et regarde en face ses véritables sentiments pour Jacob et la vie heureuse qu'elle aurait sans aucun doute partagée avec lui, explique la productrice Gillian Bohrer. Bella est obligée de se confronter aux réalités qui découlent de son choix. Elle ne peut pas tout avoir, mais elle peut, en toute connaissance de cause, choisir la vie qu'elle souhaite. »

Hésitation arrivait dans la foulée d'un film qui avait mis la barre très haut. Sur les écrans le 20 novembre 2009, *Tentation* avait fait plus que confirmer le succès de la saga de Summit Entertainment. *Twilight* avait engrangé près de 400 millions de dollars au box-office, mais *Tentation* avait presque doublé la mise : à la mi-janvier 2010 et pour les États-Unis seulement, les recettes atteignaient déjà 290 millions de dollars et allaient culminer à 400 millions de dollars pour l'étranger, un résultat

« *HÉSITATION* MONTRE À QUEL POINT LE MONDE EST *DÉSORMAIS* DEVENU COMPLIQUÉ. »

Bella (Kristen Stewart) rend visite à sa mère (Sarah Clarke) en Floride.

stupéfiant pour une production d'un budget annoncé de 50 millions de dollars. « L'aventure *Twilight* a été une épopée incroyable et chez Summit, nous avons toujours cru à la puissance des personnages et de l'histoire imaginés par Stephenie Meyer, affirme Rob Friedman, coprésident et directeur général de Summit Entertainment. Exprimer tout cet univers dans un film a été une aventure extraordinaire, et nous sommes heureux d'avoir pu conquérir encore plus de public et de fans avec le deuxième épisode de la saga. »

Mais les chiffres du box-office ne sont que le reflet concret d'une réalité très particulière. Le studio et les créateurs des films surfaient sur la vague d'un succès populaire phénoménal. Les « Twilighters » (un des noms donnés aux fans de la saga) étaient présents partout, à la fois dans le monde virtuel des blogs Internet et des sites de fans, mais aussi sur les lieux de tournage : à Portland pour le premier film, réalisé lors d'un des pires hivers que la région ait connu depuis des années, au Canada, ou encore dans les rues pavées médiévales de Montepulciano, en Toscane, pour le deuxième opus.

Il faut dire que ce début de XXIe siècle signe le grand retour des vampires. Les deux immenses cartons cinématographiques de la saga *Twilight* ont été suivis de près, sur le petit écran, par les séries *The Vampire Diaries* et *True Blood*, et sur le grand écran, par un film comme *Daybreakers*. David Slade lui-même, après son premier film *Hard Candy* en 2005, avait signé en 2007 *30 jours de nuit*, film gothique qui raconte l'histoire d'un gang de vampires venu décimer les habitants d'une petite ville d'Alaska pendant le mois sans soleil qu'elle connaît tous les ans.

David Slade est le troisième réalisateur de la série *Twilight*. Après le coup de maître du premier film, présenté sur grand écran le 21 novembre 2008, Summit avait décidé de la sortie spectaculaire du deuxième, un an après,

Le réalisateur David Slade (photo de gauche), le producteur Wyck Godfrey et le directeur de la photographie Javier Aguirresarobe sur le tournage.

quasiment jour pour jour. Pour le troisième film, la machine s'est emballée, avec une arrivée en salle prévue pour le 30 juin 2010. On pourrait presque parler de travail en continu, avec un film en postproduction tandis que le suivant était déjà en préproduction. Il était physiquement impossible à un réalisateur de jongler simultanément entre les deux. D'autre part, Summit Entertainment, étant d'avis que chacun des livres de Stephenie Meyer dégageait sa propre atmosphère et son propre fil narratif, trouvait intéressant de jouer sur la sensibilité de réalisateurs différents, au plus près de l'ambiance de chaque tome.

« *HÉSITATION* A UNE TONALITÉ BEAUCOUP PLUS SOMBRE ET VIOLENTE QUE *TENTATION*. »

« Chaque livre présente un dilemme émotionnel et une portée visuelle qui lui sont propres, note Erik Feig, et nous avons essayé de trouver le réalisateur approprié à chaque cas. *Twilight* est brut et réel ; Catherine Hardwicke était le premier réalisateur que j'ai rencontré et la seule sur ce film. Dans *Tentation*, des émotions plus complexes, avec des forces plus puissantes, sont en jeu, et Chris Weitz était l'homme de la situation. Pour *Hésitation*, la problématique est d'arriver à montrer au public que chaque choix porte ses conséquences et que Bella se trouve au centre d'un écheveau d'options complexes. Qui pouvait se charger de ce film ? David Slade[3]. »

« Le réalisateur David Slade était un choix idéal, confirme le coprésident de Summit, Patrick Wachsberger. Il a apporté un sens visuel aigu et un angle d'attaque à l'histoire, qui s'aligne sur ce qui se passe dans les vies de Bella, Edward, Jacob et de tous les autres personnages présents dans *Hésitation*. » Après avoir vu son premier film à petit budget, le producteur Wyck Godfrey était très curieux et impatient de rencontrer David Slade. *Hard Candy* raconte l'histoire d'une adolescente qui rencontre un homme plus âgé sur Internet, puis le retient prisonnier dans sa maison pour exercer une vengeance en rapport avec de sombres secrets de son passé. Bien qu'il soit à mille lieux de la romance gothique de Bella et Edward, ce film a donné envie à Wyck Godfrey de confier la réalisation de *Hésitation* à David Slade.

« Dans *Hard Candy*, j'ai découvert un réalisateur qui racontait un film à travers les yeux d'une adolescente. C'était absolument ce qu'on recherchait ! raconte Wyck Godfrey. Il avait su exploiter les possibilités d'Ellen Page et je voulais quelqu'un capable de diriger de jeunes acteurs et de raconter une histoire d'un seul point de vue, celui de Bella. En outre, avec *30 jours de nuit*, David avait prouvé qu'il était aussi à l'aise avec un film d'action et d'angoisse. *Hésitation* a une tonalité plus sombre et violente que *Tentation*, et David a apporté son expérience en matière de thriller chargé de tension. »

Pour Wyck Godfrey, choisir le bon réalisateur ne constitue que la première phase de recrutement d'une bonne équipe de tournage. « Être producteur, c'est comme être entraîneur d'une équipe de football, vous devez vous entourer des meilleurs joueurs. En gros, le réalisateur est le milieu de terrain ; il distribue tout le jeu. Mais de même qu'un milieu de terrain est plus ou moins adapté à un attaquant ou à un défenseur, vous devez trouver une équipe qui s'accorde à la personnalité du réalisateur.

« Nous avons décidé de garder Javier Aguirresarobe, notre directeur de la photographie sur *Tentation*, car David Slade appréciait réellement son travail. Ensuite, pour le chef décorateur, David a choisi Paul Austerberry, complice qui ne serait pas de trop pour l'aider à débarquer au beau milieu d'une machinerie qui tournait déjà. » Pour Paul Austerberry, qui avait travaillé avec David Slade sur *30 jours de nuit*, les vampires des deux films n'avaient absolument aucun rapport. « Dans *30 jours*, ils étaient sauvages et malfaisants. »

Dans la mythologie de Stephenie Meyer, ce ne sont pas des monstres malveillants qui vivent la nuit et meurent à la lumière du jour, se terrant dans leurs cercueils juste avant l'aube. Ils ne dorment jamais et leur peau devient scintillante et luminescente au soleil. C'est la raison pour laquelle le climat humide et brumeux de Forks convient si bien aux amis de Bella, les Cullen, clan de vampires « végétariens » qui se nourrissent de chair animale plutôt qu'humaine et qui désirent se fondre dans la société.

Le troisième roman mettait en lumière un nouvel aspect du mythe Meyer : les humains qui viennent d'être transformés en vampires deviennent des brutes sanguinaires, incapables de contrôler leur soif de sang. *Hésitation* révélait

Les Cullen se retrouvent dans les bois pour s'entraîner au combat.

Bella retrouve le groupe des loups.

également les secrets des Quileutes et les conséquences du traité avec les vampires pour les jeunes loups. Transposer sur la pellicule tous ces nouveaux développements était terriblement excitant pour l'ensemble des membres de la production, des acteurs et des techniciens.

Lorsque David Slade débarqua dans l'aventure, la scénariste Melissa Rosenberg avait déjà bien avancé dans son scénario et il commença par l'aider à « découper » l'histoire.

Le planning de production ultra serré qui avait été défini pour les films a emporté Melissa Rosenberg dans un véritable tourbillon, en dépit de son emploi à plein temps de productrice déléguée et de scénariste principale de la série télévisée *Dexter*. *Twilight* n'était pas encore sur grand écran qu'elle écrivait déjà le scénario de *Tentation* (de juin à octobre 2008), puis elle s'attaqua à celui d'*Hésitation* sur la lancée.

« Je voulais me précipiter sur *Hésitation*, mais j'étais vidée, se remémore Melissa Rosenberg. Je piétinais ; je n'étais pas du tout productive. Mais la nouvelle année est arrivée et j'ai réalisé qu'il fallait que je prenne ce script à bras-le-corps. Lorsque j'avais lu le troisième tome, j'avais pensé que ce serait facile, car il y a beaucoup d'action. Mais en fait, toute l'action se passe vraiment dans la dernière partie du livre, et donc dans les vingt dernières minutes du film. Quand j'ai commencé mon synopsis… Ho ! là là, j'ai déchanté ! J'ai trouvé que c'était le plus difficile des trois ! »

Comme dans toute adaptation d'une œuvre littéraire au cinéma, une grande partie du travail de scénariste consiste à faire en sorte que l'histoire et les personnages fonctionnent à l'écran. Il est donc quelquefois nécessaire de dépasser le cadre du roman et de faire preuve d'« inventivité », selon les termes de Melissa Rosenberg. Comme avec la scène de bagarre

Les Volturi gardent un œil sur l'évolution des événements.

dans le sanctuaire des Volturi, entre Edward et le garde Felix, dans *Tentation.*

« Lors de la rencontre avec les Volturi, le récit ne fait état d'aucune véritable bataille, mais la tension est très présente… Je l'ai juste poussée un cran plus loin, explique Melissa Rosenberg.

« IL S'AGIT DE SUBLIMER CHAQUE CONFRONTATION ET DE RENDRE TOUT PLUS "VISUEL" ET PLUS INTENSE. »

Une grande partie de mon travail de transposition d'une œuvre écrite en œuvre visuelle est l'extrapolation. En tant que scénariste, vous devez utiliser toute la matière du livre – les pensées internes et les dialogues – et l'extérioriser pour qu'elle soit visuellement significative. Il s'agit de sublimer chaque confrontation et de rendre tout plus "visuel" et plus intense, en grande partie en condensant le livre et en poussant sa logique un peu plus loin. Vous disposez d'un support visuel, il faut donc que ce que vous écrivez soit photogénique et cinégénique.

« Après déjà deux adaptations, je commençais à me sentir à l'aise dans cet univers. Comme je n'étais pas liée par le seul point de vue de Bella, j'ai pu montrer des événements dont elle entendait seulement parler dans le roman, par exemple le moment où les Cullen et les loups s'unissent pour pourchasser Victoria. J'ai pu développer des notions qui étaient cachées entre les lignes. Par exemple, j'ai décidé que Riley était originaire de Forks, raison pour laquelle Victoria jette son dévolu sur lui. J'ai également pu réorganiser certains événements, comme les flash-backs sur le passé de Jasper et de Rosalie. Ce côté inventif m'inquiétait un peu, car je ne voulais surtout pas trahir l'univers de Stephenie. » La scénariste en Californie et l'écrivain en Arizona se sont beaucoup parlé par téléphone. « La partie la plus difficile dans l'écriture d'un script est de décomposer l'histoire, et je définis un canevas très détaillé de plus d'une vingtaine de pages à un interligne », précise Melissa Rosenberg.

Au moment où David Slade est arrivé, Melissa Rosenberg en était à sa seconde ébauche qu'elle a commencé à adapter selon les vœux du réalisateur. Un processus créatif interactif s'est engagé : David Slade élaborait des storyboards qui apportaient des informations au script de Melissa, et Melissa donnait des indications en fonction de l'évolution de son scénario. « J'ai commencé à tailler le scénario à ses mesures, explique Melissa Rosenberg, puis il l'améliorait et l'affûtait dans la direction qu'il voulait.

« Stephenie a toujours très bien su mettre des limites à ce qui peut être montré en dehors du point de vue de Bella, ce que Melissa a eu l'intelligence de respecter. Là, je crois que c'est la scénariste qui a beaucoup milité en faveur de l'option : "Et si on montrait les nouveau-nés et ce qui se passe à Seattle ?" C'était vraiment une idée formidable, car elle apporte un sentiment de danger dans la première moitié du film, qui sinon en aurait été absent. »

— WYCK GODFREY

Wyck Godfrey sur le tournage.

Riley entreprend de lever une armée.

« Bella ne sait pas ce qui arrive à Riley, puisqu'elle ne le connaît pas et ne le fréquente pas. Alors, même si Stephenie ne le raconte pas, on sent bien que l'univers de *Twilight* est beaucoup plus complexe que ce qui est décrit sur la page. Je suis toujours réticente à proposer une nouvelle idée à un auteur, dans la mesure où j'adapte son œuvre, mais Stephenie est très souple et fourmille d'idées. Elle a été d'une grande aide lorsque j'écrivais le scénario. »

— MELISSA ROSENBERG

« Je me suis retrouvé dans une aventure folle : à peine 15 jours entre le premier coup de téléphone et mon début sur le script. Le projet était difficile et speed, avec un calendrier de production déjà bouclé. Je me lançais dans le vide ! Le livre semblait trop dense pour tenir dans un film : les histoires de Jasper et les légendes quileutes auraient pu servir de base à des scénarios complets. Mais le script de Melissa m'a convaincu qu'en se concentrant sur la relation entre Bella et Edward et sur les conséquences de la volonté de Bella d'être transformée, nous obtenions une histoire qui fonctionnait. *Hésitation* repose sur la maturation émotionnelle qui conduit au choix de Bella. »

— DAVID SLADE

David Slade a grandi dans les Midlands, en Angleterre, et s'était orienté vers une carrière de journaliste et d'écrivain, lorsqu'il a soudain bifurqué vers l'audiovisuel.

« Mon but était de raconter des histoires, mais comme j'avais un sens visuel très développé, j'ai changé de direction, explique-t-il. Mon monde a basculé lorsque je suis allé à la Sheffield Polytechnic [université de Sheffield Hallam] pour passer le diplôme des beaux-arts, au lieu d'approfondir une carrière de journaliste. J'ai vécu une métamorphose en trois ans, pendant laquelle je travaillais au noir au Sheffield Independent Film, centre communautaire pour ceux qui veulent se familiariser avec le cinéma.

« Je troquais du temps pendant lequel je pouvais utiliser des équipements et recevoir des conseils techniques contre des réparations de régies ou de salles de montage en mauvais état pendant mes week-ends, et j'ai mis ce temps à profit pour fabriquer mes propres courts-métrages, installations d'art vidéo et autres expériences dans les différents formats dont je disposais. Je me rabattais sur des bandes vidéo quand je n'avais pas les moyens de me payer de la pellicule, sur une équipe d'une personne quand c'était moi le producteur et j'ai quelquefois finalisé moi-même les effets spéciaux avec les premiers logiciels d'infographie. Tout ce cheminement m'a permis une approche didactique et pratique du métier, approche que je continue à pratiquer à ce jour. »

« Par exemple, dans la séquence d'ouverture, Riley est poursuivi par une ombre et fuit jusqu'au bord de l'eau. David adorait cette idée de Victoria apparaissant comme une ombre et il a introduit cette séquence dans ses storyboards… Il me les présentait et je mettais ses idées dans le script. Notre collaboration était parfaite. »

David Slade s'est attelé à la lecture du scénario d'*Hésitation* avec sa sensibilité très fine, ses connaissances et son passé. « Lire un script est une véritable épreuve émotionnelle pour moi. Je ne fais pas que déchiffrer des mots. Tous les mécanismes du cinéma que j'ai engrangés et enfouis au fond de mon cerveau se mettent en branle. Ce ne sont pas de simples images à mettre en scène que j'imagine, mais des images cinématographiques : dès le début, je vois le film se dérouler dans mon esprit. Je sais ce dont je vais avoir besoin, mais le plus passionnant, c'est quand je ne le sais pas et qu'il faut que je réfléchisse à la question. Vous ne pouvez pas penser à tout en même temps, sous peine d'être totalement submergé. Alors, vous commencez par décortiquer l'histoire pour mieux la comprendre. Sur cette production, Stephenie Meyer a vraiment eu un rôle très moteur. J'ai eu la chance de pouvoir collaborer avec elle et Melissa Rosenberg pendant l'élaboration du script. Un film est, certes, composé d'une partie technique et d'une partie esthétique, mais ce qui lui donne vraiment son identité, ce sont les personnages et l'histoire. Vous imaginez quel est le point de vue du film, et vous commencez à constituer votre arsenal de possibilités. Tout ce qui concerne les acteurs fait partie de la réalisation, de l'éclairage et des effets spéciaux. »

« CHAQUE FILM DE LA SÉRIE POSSÈDE SA PROPRE AMBIANCE. »

Le tournage des scènes principales de *Tentation* venait à peine de prendre fin quand le projet *Hésitation* a commencé en juin 2009. Lorsque David Slade s'est présenté dans les bureaux de la production à Vancouver, *Tentation* était à la phase de postproduction (montage, effets spéciaux, bande son, etc.).

« Notre expérience, tant au niveau de la progression de l'histoire que du succès des deux premiers épisodes nous avait conduits à accélérer encore la cadence, admet Rob Friedman. Comme l'histoire devenait plus complexe et que le public était de plus en plus attaché aux personnages, nous voulions rester à la hauteur. »

Le coproducteur Bill Bannerman, qui compare son poste à celui d'un contremaître du bâtiment, avait été chargé de la logistique ainsi que du respect des délais et du budget pour que le deuxième épisode puisse être terminé pour Halloween 2009. « Nous avons redémarré sur les chapeaux de roue… Avec une équipe un peu plus étoffée que pour *Tentation*, se souvient-il. Nous avons dû monter des décors sur trois plateaux à la fois, en accomplissant un véritable travail de construction et de décoration. Et nous devions aussi gérer les locaux de l'équipe administrative. En outre, la première équipe et la deuxième équipe étaient sur la brèche en même temps les trois-quarts du temps. Le nombre a varié selon les périodes, mais le film a occupé en moyenne 600 à 800 personnes par semaine. Ça faisait du monde. »

Le chef opérateur Javier Aguirresarobe est revenu apporter son savoir-faire avec toute son équipe, notamment le chef électricien Owen Taylor et le machiniste John Westerlaken.

Le département de la prise de vue et de l'éclairage a repris les mêmes outils de base que dans la réalisation précédente, notamment des caméras et lentilles Panavision. Comme le tournage se passait à la fin de l'été, il a fallu que Javier Aguirresarobe atténue le soleil à l'aide de voilages et de tissus de soie pour donner l'impression d'un ciel couvert.

« Je pense que chaque film de la série possède sa propre ambiance, remarque Javier Aguirresarobe. Le style de *Tentation* était très différent de celui de *Twilight*. C'est du moins l'impression que nous voulions donner, Chris Weitz et moi-même. David Slade voulait qu'*Hésitation* ait son identité propre. Pour ce faire, il a eu recours à des dispositifs, jusqu'alors peu usités, comme l'utilisation de longues focales, de chariots de travelling et a limité l'usage de la Steadicam. Ses exigences au niveau visuel et esthétique sont très poussées. Pour *Hésitation*, il a proposé de travailler avec différentes gammes de couleur selon les scènes et les situations, tout en restant dans des tonalités globalement chaudes. L'ensemble de ces paramètres a permis une approche cinématographique particulière pour ce film. »

« David Slade est un conteur, mais c'est aussi un styliste, ajoute Eric Leven, responsable des effets visuels pour Tippett Studio, société sollicitée pour la création des loups-garous, comme dans *Tentation*. Il utilise des techniques de coloration numérique pour renforcer le contraste. Pour raconter une histoire, il préfère comprimer l'espace et utiliser une focale plus longue, plutôt que de miser sur les seules performances de l'acteur.

L'équipe a tendu des tissus pour simuler un ciel couvert.

Kristen Stewart s'entraîne à donner un coup de poing à Taylor Lautner.

> « Dans *Hésitation*, la composante romanesque est à son maximum. C'est l'apogée du triangle amoureux entre Bella, Edward et Jacob. Mais nous sommes aussi en guerre, alors le niveau d'action atteint des sommets. Et le ton donné par David Slade est plus sombre. *Hésitation* est mon livre préféré de la série, alors c'est cool que le film soit dans sa lignée. »
>
> — TAYLOR LAUTNER

Tout le travail a respecté le thème des couleurs, tant au niveau de l'éclairage et de la prise de vue que des décors conçus et construits par le chef décorateur Paul Austerberry et son département. »

« Le premier film était dans les bleus, avec une palette plutôt froide, tandis que le deuxième présentait des couleurs plus chaudes, raconte Paul Austerberry. Le directeur de la photographie était resté le même, et David a choisi de continuer dans cette veine de tonalités légèrement plus chaudes. Nous ne pouvions évidemment pas nous inspirer du film de Chris Weitz, puisqu'au début de notre projet il était toujours en cours de montage. Mais nous avons suivi trois palettes de couleurs principales pour *Hésitation* : celle des Cullen, qui se décline dans les bleu acier avec quelques accents plus chaleureux ; celle du peuple quileute et des loups-garous au sang chaud, qui contient de nombreux rappels de rouge, la voiture de Jacob, sa maison et la camionnette de Bella ; et enfin celle des habitants de Forks, avec des couleurs de terre, dans les marron et les ocre. »

Même si les décors ont évolué au cours des films, certains lieux sont restés intouchables, comme le domicile de Bella et de son père, Charlie. Utilisée pour le tournage de *Twilight*, cette maison authentique de la région de Portland avait été recréée fidèlement en extérieur lors du déménagement de la production à Vancouver pour *Tentation*. « Comme *Hésitation* arrive en troisième position, j'avais déjà à ma disposition des sites et des décors bien définis, auxquels je devais plus ou moins me conformer, constate Paul Austerberry. Évidemment, ça crée des contraintes, mais parfois trop de liberté tue

La maison des Swan.

la liberté. J'ai pas mal discuté avec David Slade, mais j'ai aussi vérifié auprès de Stephenie Meyer que nous ne passions pas à côté de détails significatifs figurant dans les romans et qui pouvaient avoir un impact sur le design. »

Le département de la création et celui de la construction n'ont pas chômé. Outre les décors prévus pour les flash-backs relatifs à la légende des Quileutes et aux histoires de Jasper et Rosalie, il a fallu reconstituer minutieusement la maison des Cullen et construire sur un plateau le sommet de la montagne, théâtre de l'affrontement final entre Victoria, Riley et Edward.

« QUE SE PASSE-T-IL SI ON ARRACHE UN BRAS À UN VAMPIRE ? »

L'ambiance propre à ce film, à laquelle faisait allusion Javier Aguirresarobe, a été réussie grâce à l'attention portée au réalisme. Image Engine, studio d'effets spéciaux basé à Vancouver, a été sollicité, fort de son travail récent sur *District 9*, pour lequel il avait créé des extra-terrestres en images de synthèse. « David Slade avait beaucoup apprécié le style documentaire de *District 9*, explique Shawn Walsh, producteur délégué pour les effets visuels chez Image Engine. Il cherchait comment apporter une sensibilité réaliste à cet épisode particulier de la saga *Twilight*. Il a eu l'impression qu'une partie du travail accompli sur *District 9* pourrait être repris pour qu'on se sente vraiment "pris aux tripes" en regardant *Hésitation.* »

Un département de la production, comprenant divers responsables, producteurs et coordinateurs a été chargé de superviser tout le travail des effets spéciaux. « La difficulté consiste à trouver une juste mesure : rester en harmonie avec le travail précédent, tant au niveau de l'écrit que de l'écran, tout en imprimant à chaque film son identité créative propre, observe Jeremy Ball, responsable de la production pour les effets visuels. Les effets visuels font tellement partie du côté surnaturel de l'histoire qu'ils laissent la part belle à l'interprétation. Par exemple, que se passe-t-il si on arrache un bras à un vampire ? Les romans donnent des indices, mais chaque réalisateur imaginera et transmettra à l'écran des images différentes. Il n'existe aucune réalité objective à pointer du doigt dans le monde réel qui nous permettrait de dire : "Voilà comment ça doit être." Les choses peuvent donc évoluer entre les différents volets. »

« Ce n'était pas facile de traduire tout ce corpus de traditions surnaturelles en puissant drame émotionnel, remarque David Slade. Toutefois, en lisant le livre et le script, j'ai senti que la narration devait se dérouler de façon plausible. Il ne fallait donc pas pousser les limites physiques trop loin et conserver les performances à un niveau aussi subtil que dans n'importe quelle comédie dramatique. Lors des séances de travail avec les acteurs, je leur ai annoncé que nous allions nous orienter vers une approche plus adulte, car les personnages acquièrent une certaine maturité. Par conséquent, pour privilégier la cohérence (des effets spéciaux aussi transparents que possible), le travail à l'ordinateur devait être conçu de façon à s'intégrer de façon invisible. Ce qui me motivait, c'était l'histoire ; il fallait montrer la complexité et la complication de ce monde particulier. »

« LE DÉPARTEMENT DE LA CRÉATION ET CELUI DE LA CONSTRUCTION N'ONT PAS CHÔMÉ. »

Le décor créé pour le village des Quileutes.

La reconstitution minutieuse de la maison des Cullen utilisée dans Twilight.

L'incroyable décor recréant le sommet d'une montagne enneigée.

« La vraie différence pour Edward par rapport aux deux premiers films est qu'avant c'était un solitaire qui vivait en retrait du monde. Maintenant que sa relation avec Bella s'est davantage formalisée, il doit s'intégrer dans le monde réel. Dans une certaine mesure, il doit devenir plus humain. »

— ROBERT PATTINSON

Ro[illegible] (K[illegible]) se r[illegible] dans leur pr[illegible] préférée.

« Dans le film, l'un des thèmes est la mise à l'épreuve de l'amour inconditionnel. Bella et Edward sont sans conteste toujours fous l'un de l'autre, mais ils sont plus ouverts, ils parlent davantage. Ils sont disposés à laisser plus de personnes entrer dans leurs vies et à ne pas se limiter à cette relation exclusive. »

— KRISTEN STEWART

Le triangle magique

Kristen Stewart dans le rôle de Bella Swan,
Robert Pattinson dans le rôle d'Edward Cullen
et Taylor Lautner dans le rôle de Jacob Black.

Comme le savent ses nombreux fans, la saga *Twilight* est avant tout une histoire d'amour. Bella, une jeune fille de dix-sept ans, tombe amoureuse d'Edward, un vampire du clan Cullen. On découvre aussi que son ami Jacob, qui éprouve des sentiments pour elle, peut se transformer en loup-garou. Quand commence *Hésitation*, les dés sont jetés : à la fin de *Tentation*, Edward demande Bella en mariage, alors que, dans le même temps, Jacob lui avoue son amour et lui déclare qu'il est prêt à se battre contre Edward pour la conquérir.

« Le film *Tentation* était focalisé sur les personnages et sur l'épanouissement des relations du "triangle magique" constitué par Bella, Jacob et Edward, note Bill Bannerman, producteur exécutif de *Tentation*, présent sur le tournage d'*Hésitation* en tant que coproducteur. Lorsque j'ai lu *Hésitation*, j'ai été enthousiasmé. Chaque livre est comme un nouveau chapitre qui donne plus de corps à l'intrigue. C'est super pour l'adaptation cinématographique parce qu'en tant que spectateur, vous voulez toujours en savoir plus, et chaque nouveau volet vous permet de répondre à cette demande. *Hésitation* a multiplié par six l'intensité et le détail, car aux deuxième et troisième actes, l'action s'intensifie comme un jeu d'échec. »

« Ce qui est amusant dans l'adaptation de la saga *Twilight*, c'est ce triangle », confirme Melissa Rosenberg. Même si *Hésitation* est plus sombre et plus violent que les autres films, « l'histoire d'amour reste au cœur du film », appuie Wyck Godfrey, dont le travail en tant que producteur consiste à s'assurer que chaque production reste fidèle aux livres et aux films précédents.

« C'est passionnant de voir la façon dont les trois acteurs principaux, Kristen, Robert et Taylor se sont approprié leurs personnages et les ont fait évoluer, observe Wyck Godfrey. Bella, par exemple, commence par manquer d'assurance, dans la mesure où elle se demande si elle est à la hauteur de l'amour d'Edward. Dans *Hésitation*, elle s'engage totalement dans l'aventure, tout comme Kristen le fait en tant qu'actrice, en s'affirmant de plus en plus.

« On peut observer le même phénomène avec Taylor, qui a pris confiance en lui durant *Tentation*, ce qui correspond à l'évolution de son personnage. Selon moi, le vrai plaisir dans *Hésitation* provient de l'existence de ce triangle amoureux. Bella se retrouve déchirée. Doit-elle devenir un vampire et risquer de perdre son amitié avec Jacob ?

« J'ai dit aux acteurs : "Vous savez qui vous êtes et ce que vous avez fait jusqu'à présent… mais vous êtes en train d'évoluer." Toutes les questions que se pose un acteur, tous les enjeux de l'histoire peuvent modifier un personnage. Edward n'est plus le même qu'à l'époque de *Twilight* ou de *Tentation* ; et même entre le début et la fin de *Hésitation*, il change. La démarche consiste à décortiquer le texte pour comprendre toutes les subtilités de l'intrigue avant le passage devant la caméra. Si je donne une indication, elle est toujours motivée par une question ("pourquoi") et une réponse ("parce que"). Ce travail en amont s'accumule pour aboutir à la performance finale à l'écran. »

— DAVID SLADE

Le réalisateur David Slade parlant à Kristen Stewart et à Taylor Lautner sur le tournage.

« Ou doit-elle fuir Edward et choisir une vie humaine avec Jacob, qui lui permettra d'avoir des enfants et de vieillir ? » Pour David Slade, les répétitions ont été fondamentales pour construire les personnages, un par un, avec les acteurs. « On se débarrasse de tous les artifices et trucs techniques du cinéma. J'aime bien rencontrer individuellement les acteurs, pas pour qu'on se retrouve tous ensemble à commenter le même texte, mais pour que chacun puisse l'appréhender avec sa propre sensibilité et son propre point de vue. Tout le monde peut poser ses questions et recevoir des réponses, puis se préparer à sa façon. Ces individualités créatives permettent de composer l'ensemble. En décomposant une histoire et ses personnages en entités, on permet à chacun d'exister pleinement et de briller de tous ses feux. C'est mon secret de fabrication.

« La famille Cullen forme un ensemble, et pour que chaque membre ait sa propre identité, vous devez le traiter individuellement. C'est à cela que servent les répétitions, les observations et la préparation individuelle. Certains acteurs veulent des indications détaillées, tandis que d'autres se contentent de lignes directrices. Tout le monde fonctionne différemment. Il n'y a pas une règle unique à suivre. Dans notre cas, les acteurs connaissent vraiment leur personnage car ils l'ont déjà incarné dans deux films, ce qui est un énorme avantage pour un tournage de 55 jours avec un temps de préparation réduit au minimum. Je disais : "Qu'est-ce que *toi,* tu veux ? Qu'est-ce que tu attends de *moi* ?"

« Tous les personnages principaux et, jusqu'à un certain point, certains méchants possèdent une bonne dose d'héroïsme, poursuit David Slade. L'origine de la meute de jeunes loups quileutes qui paraissait si mystérieuse

« ROSALIE ENTROUVRE SA CARAPACE ET NOUS LAISSE ENTRER UN PEU DANS SON INTIMITÉ. »

« Billy Burke est un si grand acteur que dès qu'il apparaît à l'écran, tout devient fortement ancré dans la réalité. Il a un énorme talent et la relation que son personnage entretient avec Bella est tellement riche que j'adore rédiger ses dialogues. Écrire pour les personnages principaux est très gratifiant, mais c'est aussi le cas pour un grand nombre de rôles secondaires, surtout tels qu'ils sont joués par ces acteurs. »

— MELISSA ROSENBERG

dans *Tentation* est dévoilée dans *Hésitation*. Vous apprenez l'histoire de la tribu et vous voyez qu'elle se positionne de façon noble. Pour moi, les membres de la famille Cullen sont une métaphore de la façon dont les mêmes événements, selon le regard qu'on leur porte, peuvent être considérés comme abjects et maléfiques, ou positifs et héroïques. Jasper, dans ce film, se révèle un fin stratège. Rosalie entrouvre sa carapace et nous laisse entrer un peu dans son intimité.

« Charlie, le père de Bella, a tout du héros. Il console Bella, se fait du souci et lui apporte un véritable soutien. Dans *Hésitation*, Bella culpabilise car elle se dit qu'elle va devoir lui dire adieu pour toujours lorsqu'elle deviendra vampire. Charlie, à son tour, renforce cette culpabilité en se comportant comme un super papa !

« Le personnage de Charlie est plutôt comique, mais il peut aussi jouer sur la corde sensible, grâce à l'énorme talent de Billy Burke. Nous disions : "On n'a jamais trop de Billy, on ne se lasse jamais de Charlie." Charlie est tout bonnement magique. En fait, dans cette histoire, tous les personnages sont finement dessinés et fonctionnent. Pour qu'un ensemble soit opérationnel, tous les éléments qui le constituent doivent être complémentaires. »

Si la scénariste Melissa Rosenberg a pris beaucoup de plaisir à travailler sur le triangle amoureux, elle ne nie pas avoir eu du mal à écrire les scènes d'affrontement entre Edward et Jacob.

L'affrontement tant attendu dans la scène du « sac de couchage ».

« J'aime bien imaginer Charlie comme un lien vers le concret, en plus d'être en quelque sorte une boussole morale. Il est là pour aider sa fille à garder les pieds sur terre, à rester en sécurité, et si possible faire en sorte qu'elle soit heureuse. »

— BILLY BURKE

Kristen Stewart dans le rôle de Bella Swan et Billy Burke dans le rôle de son père, Charlie Swan.

Après tout, Jacob est un ado, alors qu'Edward est né en 1901. « Avec ces deux acteurs, l'énergie est très présente, mais les faire se confronter était plus difficile qu'on ne pourrait le croire, médite Melissa Rosenberg. On n'imagine pas Edward en train de proférer des insultes vu son grand âge, et il s'adresse à Jacob d'une façon un peu condescendante. Mais Edward est également en proie à la jalousie, ce qui n'a pas d'âge. J'ai passé du temps à écrire et à réécrire leurs échanges pour qu'il ne dérape pas en déluge d'insultes. Au départ, je m'étais donné du mal pour qu'Edward explique à Jacob que ce dernier risquait de perdre le contrôle à tout moment et de tuer quelqu'un par accident, faisant allusion à ce que Sam avait fait à Emily et à ce qu'il pourrait faire à Bella. Puis, je me suis demandé pourquoi Edward choisirait cet angle de discussion. »

Le directeur de la photographie Javier Aguirresarobe était confronté à ses propres problèmes, qui consistaient à capter la tension romanesque. « Dans les scènes romantiques avec Bella, j'ai essayé d'observer les mêmes principes pour Edward que pour Jacob, raconte Javier Aguirresarobe. Je n'avais pas vraiment de raison de créer des atmosphères différentes dans les séquences où ils rivalisent pour l'amour de Bella. Peut-être que l'amour déclaré de Bella pour Edward et leur relation m'ont conduit à utiliser des tonalités plus sensuelles et contrastées dans leurs scènes d'intimité.

« En ce qui concerne Jacob et Edward, je n'ai pas voulu charger photographiquement leur duel verbal. J'ai placé toute ma confiance dans le jeu excellent des deux acteurs. J'ai peut-être été influencé par la philosophie de Bella, qui veut que son amitié avec Jacob reste imprégnée d'une certaine harmonie. »

Les scènes d'opposition préoccupaient particulièrement la créatrice des costumes, Tish Monaghan. Edward, bien qu'il soit doté de la vitesse et de la force extraordinaire d'un vampire, avait l'air mince et pâle par rapport à Jacob. « En tant qu'acteur, Robert voulait s'assurer que visuellement son personnage pouvait paraître un rival acceptable de Jacob, qui est fort et musclé et se promène torse nu, observe Tish Monaghan. Je lui ai donc donné de l'épaisseur, au sens littéral du terme, en rajoutant des couches de vêtements. Si Jacob, plus extraverti, surveille son territoire de manière musclée, Edward occupe le terrain d'une façon plus tranquille mais tout aussi puissante. C'est la posture Edward Cullen. »

Tish Monaghan est une des responsables de département de la production de *Tentation* qui rempilait sur le troisième film. Quelques semaines plus tôt, elle se trouvait encore, avec son équipe de six personnes, dans l'enceinte fortifiée de Montepulciano, à préparer plus de 900 costumes, dont 850 manteaux à capuche rouge, pour la procession spectaculaire qui envahit la place de la ville lorsque Bella se précipite pour empêcher Edward de s'exhiber en plein soleil. Tish Monaghan se rappelle avoir terminé son travail sur *Tentation* le 28 mai 2009. Le 14 juin, elle démarrait sur *Hésitation* pour un marathon qui allait durer jusqu'à fin octobre. C'était, note-t-elle, un fil ininterrompu, non seulement dans son passage d'un film à l'autre, mais également dans l'histoire elle-même, avec *Hésitation* reprenant là où *Tentation* s'était arrêté.

« C'était agréable de se retrouver en terrain familier, indique Tish Monaghan. J'ai rencontré le nouveau réalisateur et le courant est tout de suite bien passé. L'équipe de production était satisfaite de mon travail sur *Tentation*.

« Ça fait un moment que nous incarnons ces personnages, alors nous commençons à nous y habituer, et même à nous adapter à eux. Dans ce film, je dois un peu bousculer Edward, mais Rob est trop adorable [rires]. On rigolait et on plaisantait ensemble avant la prise, mais dès qu'on entendait "Action !", d'un seul coup, je passais en mode : "Je hais ce garçon !". »

— TAYLOR LAUTNER

« David Slade désirait poursuivre dans la lignée des costumes définis et nous avons aussi discuté des nouveaux personnages. Pour moi, c'était confortable de me retrouver avec des personnages pour lesquels j'avais déjà choisi une orientation, même si nous avons introduit des variantes pour les Cullen et pour Bella. »

Ces *légères variantes* étaient problématiques, dans la mesure où le temps ne s'était pas véritablement écoulé entre les films. « D'un point de vue réaliste, Bella aurait-elle renouvelé sa garde-robe ? demande de façon rhétorique la créatrice des costumes. La réponse est non, bien sûr. Mais le fait est que les acteurs et le département des costumes commençaient à se lasser de ces fringues ! rapporte en riant Tish Monaghan. Alors nous avons refait toute la penderie de Bella, en la faisant légèrement évoluer par rapport à ce qu'elle portait auparavant. Comme, entre les deux films, on change de saison (automne-hiver à printemps-été), je me suis dit que nous pouvions doter Kristen de nouveaux habits sans nuire à la cohérence, et nous avons rajouté des jeans et des T-shirts. »

Afin de créer les costumes d'Edward Cullen, il a fallu revenir aux racines du personnage. Pendant la plus grande partie du film *Tentation*, il est vêtu de la veste grise en tweed qu'il porte pendant la soirée d'anniversaire de Bella. C'est lors de cette réunion fatidique chez les Cullen que Bella se coupe le doigt et déclenche la soif de Jasper, ce qui conduit Edward à décider de la quitter. Dans *Hésitation*, Edward est de retour à Forks où, au côté de Bella et de ses camarades de classe, il prépare son diplôme au lycée Forks High School.

« Au début de *Tentation*, Edward arbore un costume, mais celui-ci tombe en loques lorsqu'on le revoit en Italie, rappelle Tish Monaghan.

« Bella et Edward attendent la même chose l'un de l'autre ; ils ont juste des façons différentes de l'exprimer. »

— KRISTEN STEWART

« Jacob devait être un rival légitime, et Edward devait exprimer un sentiment de jalousie crédible de la part d'un être âgé de plus de cent ans. C'était un équilibre intéressant à trouver et l'un des défis les plus importants que j'aie eu à relever. »

— MELISSA ROSENBERG

« J'ai voulu le remettre dans la peau d'un lycéen de terminale, pour bien le situer dans l'esprit du public. Il se promène désormais en jeans, T-shirts et chemises et il porte une capuche en hommage à Bella. J'avais aussi sélectionné une veste en jean pour Robert, sans vraiment être sûre de mon choix. L'acteur l'a enfilée et ça lui allait comme un gant ! Avec un T-shirt, ça lui donnait un look cool, à la James Dean. C'était une petite évolution qui apportait une allure plus décontractée à son personnage. »

Gina Sherritt, membre de l'équipe coiffure sur *Tentation* comme « première assistante » de Thom McIntyre, veillait à la touche finale.

« La deuxième équipe se doit d'être en phase avec la première. Quelquefois, vous ne savez pas combien de temps un acteur doit attendre avec son maquillage avant de tourner réellement, si bien que dans la caravane, j'aime "faire le plus gros", puis finaliser en dernière minute les détails, par exemple le contour des yeux, et vérifier que tout est parfait. Certains acteurs rentrent dans leur personnage pendant qu'on les maquille : on voit leur personnalité changer. J'en ai vu d'autres qui rient et plaisantent de façon très décontractée jusqu'à ce qu'ils entendent "Action", et qui basculent d'un seul coup dans leur personnage. Ils peuvent l'incarner en une seconde. »

— JOANN FOWLER

Elizabeth Reaser dans le rôle de Esme Cullen et Peter Facinelli dans celui du Dr Carlisle Cullen.

Pour *Hésitation,* son principal souci a été de redonner à Kristen Stewart sa belle chevelure, car l'actrice avait dû couper et teindre ses cheveux pour les besoins d'un autre tournage.

« Pour un autre rôle, Kristen avait abandonné les cheveux châtain clair de Bella, explique Gina Sherritt. Nous avons donc confectionné trois perruques correspondant à l'ancienne apparence de Bella. À cause du climat difficile, des doublures cascades, du changement de coiffure de Kristen, on peut dire d'*Hésitation* que c'est un grand film à perruques ! »

Les vampires, qu'il s'agisse des élégants Cullen ou des nouveau-nés assoiffés de sang, ne seraient pas de vrais vampires sans leur peau de porcelaine et, dans un film, pâleur égale fond de teint. Charles Porlier dirigeait le département maquillage de la première équipe, avec ses assistantes Patricia Murray, Lise Kuhr et Michelle Hrescak. La responsable du maquillage de la deuxième équipe était Joann Fowler, assistée de Amy St. Jean, Ceilidh Dunn et Amber Trudeau. La deuxième équipe fait partie intégrante de la création d'un film. Pendant qu'un réalisateur travaille avec les acteurs sur les scènes principales, la deuxième équipe gère les cascades et les scènes d'action, les raccords, les séquences que le réalisateur délègue, et plus globalement tous les éléments destinés à compléter le travail de la première équipe. Pour *Hésitation*, la deuxième équipe, que la production avait baptisée l'« équipe action », était particulièrement importante, étant donné le nombre de scènes d'action qui nécessitaient non seulement la présence des cascadeurs et des figurants, mais également des vedettes. « Nous avions beaucoup d'acteurs dans notre équipe, explique Joann Fowler, qui s'était également occupée du maquillage des deux équipes pour *Tentation.* Il y avait beaucoup de scènes d'action, notamment l'entraînement des Cullen et la bataille qu'ils livrent contre les vampires nouveau-nés. »

EN GÉNÉRAL, LA DEUXIÈME ÉQUIPE GÈRE LES CASCADES, LES SCÈNES D'ACTION ET LES RACCORDS.

Avant le début du tournage mi-août, Joann Fowler a passé trois semaines de préparation avec Charles Porlier à sélectionner des produits, mais aussi à effectuer des tests de caméra et à réfléchir à la cohérence des raccords. « En matière de maquillage des vampires, détaille Joann Fowler, notre philosophie n'a pas été de choisir un seul produit pour tout le monde, mais d'adapter chaque maquillage, car les nouveaux venus sont de nationalités différentes. Nous avons essayé de conserver l'intégrité du look et du niveau de blancheur que la créatrice de maquillage Norma Hill-Patton avait établie dans *Tentation.* »

La deuxième équipe a vu passer entre ses mains un grand nombre de vampires. Les journées de travail commençaient à trois heures du matin pour que les acteurs cascadeurs soient prêts à sept heures. Il y avait près de trente vampires, selon les estimations de Joann Fowler. Si les maquilleurs ont eu la chance de trouver un certain rythme de travail, il n'en a pas été de même pour certaines stars, qui débarquaient parfois au petit matin directement d'un tournage de nuit. Joann Fowler se rappelle de Peter Facinelli, qui joue le rôle du Dr Carlisle Cullen, atterrissant de New York à minuit et s'installant dans le fauteuil de maquillage à 3 heures du matin.

Dakota Fanning
dans le rôle de Jane.

« J'adore rendre les gens beaux et j'ai adoré créer de magnifiques vampires. Ce n'est pas un "horror show", mais comme dans les livres, un "beauty show", un spectacle où les gens sont tous plus beaux les uns que les autres. Ces immortels ont une beauté quasi irréelle. On a eu recours à une technique inhabituelle, en jouant sur les ombres pour faire ressortir l'ossature du visage. Vous commencez avec une base de blanc, puis vous mettez un fond clair et ombrez pour donner un aspect plus sculptural, en utilisant une couleur plus sombre autour des tempes, sous les pommettes, le menton et un peu autour des yeux. »

— JOANN FOWLER

« Le maquilleur est la première personne que l'acteur voit le matin, donc la façon dont celui-ci quitte la caravane est souvent un bon indicateur de la façon dont la journée va se dérouler pour lui, commente Joann Fowler. La caravane de maquillage est l'endroit où tout le monde parle de la nuit précédente, se lâche et raconte ses espoirs, ses rêves, etc. Nous avons donc fait en sorte que l'atmosphère y soit vraiment agréable. Nous avons acheté une cafetière pour offrir de bonnes tasses de café, ce qui a été grandement apprécié. Les maquilleurs sont en général de fins psychologues. Nous essayons toujours de jauger l'humeur des personnes sur qui nous travaillons, c'est en réalité une grande partie de notre travail. Nous sommes très empathiques. Nous avons une position très privilégiée car nous apprenons vraiment à connaître les acteurs et nous passons beaucoup de temps avec eux pendant une courte période. »

L'un des endroits phares dans les livres et les films est la maison des Cullen, cet endroit mystérieux niché dans la forêt où Bella se rend la première fois qu'Edward lui fait rencontrer sa « famille ». Dans le premier film, la production a pu tourner dans une vraie résidence de Portland que possédait un chef d'entreprise local. C'était une bâtisse sur trois étages avec des baies vitrées courant du sol au plafond, qui a été abandonnée lorsque la production a déménagé à Vancouver. Dans *Tentation*, le domicile des Cullen n'apparaissait que dans une seule scène, mais une scène fondamentale, puisqu'il s'agissait de la fête d'anniversaire de Bella. Du coup, un « leurre », pour reprendre les termes de Bill Bannerman, a été utilisé. Une villa similaire à celle de Portland avait été dénichée dans la région de Vancouver et l'anniversaire de Bella avait été filmé dans une pièce qui n'avait pas figuré dans le premier épisode.

Dans *Hésitation*, cette maison joue un rôle central, notamment lors de la grande soirée organisée après la remise des diplômes de fin d'année. « Dans *Tentation*, elle n'était qu'un détail, mais dans *Hésitation* ce n'est pas le cas, alors nous nous sommes dit : "Il faut qu'on la bâtisse !" », rapporte David Slade.

La maison des Cullen joue un rôle central dans *Hésitation*.

Il y avait un précédent de reconstitution d'un site de Portland, puisque la maison centenaire où vivait Bella dans le premier film avait été reconstruite pour *Tentation*, jusqu'aux finitions des murs de la chambre de la jeune fille. Recréer la résidence des Cullen était un projet ambitieux. Bill Bannerman avait estimé entre 650 et 750 mètres carrés la surface au sol de la maison à trois étages de Portland.

« Pour moi, cette maison était un personnage important du premier film, commente le chef décorateur Paul Austerberry. Dans *Hésitation*, un grand nombre de scènes s'y déroulaient, et nous voulions donner l'impression que c'était un endroit réel d'où on pouvait observer l'extérieur, comme si on était dans une véritable demeure. »

Paul Austerberry se rappelle que cette idée de reconstruction avait été évoquée lors de son entretien d'embauche avec Wyck Godfrey et David Slade. Le producteur connaissait bien la maison de *Twilight* et était persuadé qu'il faudrait la recréer. Mais il ne se doutait pas de *l'emplacement* qu'évoquerait Paul Austerberry pour l'ériger. « Nous ne pouvions pas retourner à Portland, mais je pensais qu'on la construirait en extérieur, se rappelle Wyck Godfrey. Paul a répondu : "Ça ne marchera jamais. Mais je peux la bâtir *à l'intérieur*." »

Deux étages de la maison ont été élevés sur une surface de près de 2 000 mètres carrés du plateau d'enregistrement de Vancouver. Paul Austerberry disposait de toutes les photographies dont il avait besoin et il a obtenu l'autorisation du cabinet d'architecture qui l'avait conçue. « Nous avons non seulement refait la maison à l'identique avec ses immenses baies vitrées, mais nous avons reconstitué l'allée d'accès, le garage et un bandeau de forêt et de végétation sur 4,5 mètres autour de la maison », indique Bill Bannerman.

Autour de la maison, l'allée, le garage et un bout de forêt ont également été recréés.

« Dans *Hésitation*, nous avions besoin de plusieurs pièces opérationnelles dans la résidence des Cullen, et surtout de l'espace cuisine, assez unique en son genre... Au départ, on a pensé abandonner la cuisine et tourner dans une autre pièce, mais la réaction unanime a été de conserver l'intégrité de la vision créative et du fil narratif en reconstruisant la maison de *Twilight*. »

— BILL BANNERMAN

La décoration intérieure est très soignée pour le foyer des Cullen.

Ce dernier fait observer que quiconque connaissait cette demeure aurait eu un choc en la retrouvant perdue dans un hangar de la banlieue sud de Vancouver. « Si vous étiez un familier de cette résidence et que vous étiez conduit les yeux bandés jusqu'à notre décor, vous voyiez la forêt par les fenêtres et, pendant un moment, croire que vous vous trouviez dans la vraie maison. Le département des espaces verts sur *Hésitation*, qui avait triplé de volume depuis *Tentation*, a réalisé un travail remarquable. Nous avons pris quelques libertés en élargissant des couloirs et en élevant des plafonds pour éviter tout problème de logistique. Mais cette maison a été reconstituée de pied en cap jusqu'au deuxième étage, avec ses boiseries, ses comptoirs, meubles, lumières et plomberie. »

La soirée chez les Cullen après la remise des diplômes a permis d'inaugurer en fanfare le décor. Pour la première fois, des humains autres que Bella se pressent en masse dans la mystérieuse maison des bois. La caméra de Javier Aguirresarobe pouvait filmer de l'extérieur l'arrivée des invités, puis les suivre à l'intérieur et dans des pièces qu'on n'avait pas revues depuis *Twilight*.

L'équipe de production a contacté Stephenie Meyer pour s'assurer que la soirée prévue respectait bien l'esprit du roman. « Dans son livre, elle décrit précisément les couleurs choisies par Alice pour décorer la maison et les lumières qui éclairent l'allée, signale Paul Austerberry. J'ai légèrement varié par rapport à sa description tout en restant dans l'atmosphère évoquée. Le rouge est une couleur récurrente dans le roman et nous avons choisi des lumières rouges, violettes et aussi bordeaux, la couleur préférée de Bella. »

« C'EST LE DÉCOR LE PLUS IMPRESSIONNANT SUR LEQUEL IL M'AIT ÉTÉ DONNÉ DE TRAVAILLER. »

— WYCK GODFREY

« L'un des personnages pour lesquels j'ai éprouvé le plus de plaisir à écrire était Jessica, la camarade de classe de Bella, jouée par Anna Kendrick. Dans le livre, Stephenie ne s'étend pas vraiment sur la remise des diplômes. Je me suis dit qu'il fallait un discours d'adieu et je me suis demandé à qui le confier. Anna Kendrick est une actrice si lumineuse (elle brûle l'écran) que j'ai rédigé le discours à son intention. »

— MELISSA ROSENBERG

Anna Kendrick dans le rôle de Jessica.

Interview d'Ashley Greene ~ Alice Cullen

« Je n'avais pas lu les livres jusqu'à ce que j'apprenne que j'allais passer un casting pour *Twilight*. Il n'y avait pas encore de script, alors j'ai lu les deux premiers tomes pour avoir une idée de l'histoire… et je suis tombée amoureuse de la saga. Je voulais absolument être choisie. Travailler sur les trois films et traverser cette aventure avec les autres acteurs nous a soudés comme une vraie famille. C'est bien, car on est parfois un peu submergé par toute cette aventure.

« C'est sûr que je partage certaines qualités avec Alice. Elle est énergique et positive. En plus, elle est extrêmement proche de sa famille et motivée par le désir de la protéger. Ce sont des valeurs qui me parlent. Et même si j'étais déjà l'aise au début par rapport à mon personnage, j'ai acquis encore plus d'assurance depuis. Nous avons étudié de façon approfondie les personnages pour les jouer aussi fidèlement que possible par rapport aux livres. Les fans savent tout sur eux et il est important que nous ne les décevions pas.

« Me coiffer, me maquiller et m'habiller sont des étapes qui me permettent de me métamorphoser en Alice. Il me faut environ deux heures entre le maquillage blanc, les verres de contact jaunes et ma perruque de lutin. Tout cela me transforme radicalement par rapport à ce que je suis dans la vie réelle. Dès que je mets les lentilles de contact, je passe sur une autre planète. Comme je perds ma vision périphérique, je me sens isolée et mon rapport aux autres s'en ressent. Du coup je bascule vraiment dans mon rôle.

« Les scènes les plus difficiles physiquement pour moi ont été celles où je lance la balle de base-ball, dans *Twilight* et où je me bats, dans *Hésitation*. Il m'a fallu des heures d'entraînement seule et avec des professionnels pour reproduire les mouvements de façon adéquate.

« Au niveau émotionnel, la scène la plus difficile pour moi est dans *Tentation*, lorsque je dois aller annoncer à Bella que mon frère est sur le point de se suicider. Les vampires ne pleurent pas et les lentilles jaunes limitent l'émotion que je peux faire transparaître dans le regard, ce qui constitue généralement une grande partie de mon jeu. C'était un véritable défi que de travailler avec ces contraintes. »

Les cascades ont exigé beaucoup d'entraînement.

« J'ai lu les romans avant qu'on ne commence à tourner *Twilight*, et je suis un vrai fan de la série. J'ai trouvé que je ressemblais à Emmett. Emmett est un mec marrant, facile à vivre, comme moi. C'est également un protecteur, prêt à se battre pour défendre ce qu'il aime, et ça aussi c'est tout moi.

« Mes passages favoris dans *Hésitation* ont été les scènes de combat. J'ai persuadé le réalisateur de me laisser exécuter la plupart de mes cascades, et ça a été une expérience incroyable. C'était pas facile, mais vraiment super. Je me suis découvert une véritable passion pour les cascades et l'action, et j'espère que je pourrai exploiter ces possibilités dans le futur.

« Comme nous travaillons plutôt à des températures fraîches pour cette saga, j'ai appris à bien m'emmitoufler en dehors du plateau, et à rester chaud sur le plateau en faisant du jogging ou quelques pompes. Au Canada, il fait vraiment un froid de loup et si vous ne faites pas attention, vous pouvez facilement tomber malade. Ne pas oublier ses vitamines, ça aide !

« Dès le début, l'équipe d'acteurs s'est super bien entendue. Nous avons passé beaucoup de temps ensemble pendant le tournage et nous avons tissé des liens d'amitié forts. C'est drôle, je n'ai pas l'impression que le succès des films m'ait changé ; je continue ma vie comme avant, même si je suis plus occupé et que des portes se sont ouvertes pour moi dans la profession. Quand je sors, on me reconnaît quelquefois, mais je suis toujours content et fier de saluer les fans.

« Ma technique personnelle pour rentrer dans un personnage est de faire autant de recherches que possible sur lui. C'était vraiment parfait d'avoir Stephenie sur le tournage parce que je pouvais lui poser des questions sur Emmett. J'aime bien aussi imaginer mon propre personnage, et je prends des notes auxquelles je peux me référer. Cheveux, maquillage et vêtements constituent la touche finale et lorsque je suis prêt, mentalement j'incarne mon personnage, mais je peux aussi voir Emmett quand je me regarde dans un miroir. Et ça, ça m'aide vraiment à habiter le personnage.

« Pour moi, sur le plan artistique, le jeu d'acteur consiste à montrer que je peux changer en finesse la perception que vous avez de moi, par le langage corporel et verbal et tous les accessoires. Vous pouvez vraiment parler de transformation, et je trouve ça passionnant. »

« Non seulement, vous pouviez réellement déambuler dans la maison des Cullen, mais vous pouviez aussi y venir en voiture et grimper les marches. À la soirée de remise des diplômes, vous pouviez voir les invités arriver, entrer et monter les escaliers, pénétrer dans le salon, la cuisine et aller sur la terrasse extérieure. C'était comme une vraie maison, mais avec des murs qu'on pouvait retirer. Nous nous sommes également arrangés pour pouvoir faire pivoter les baies de deux ou trois degrés au sein des huisseries, une toute petite inclinaison qui suffisait à masquer les lumières, les caméras et les reflets. »

— PAUL AUSTERBERRY

Les belles lumières d'Alice décorent la demeure des Cullen lors de la fête.

Dans les scènes de la soirée, on pouvait voir dans toutes les directions. Les baies vitrées permettaient d'observer les festivités se déroulant à l'intérieur, et les occupants pouvaient tourner leurs regards vers l'extérieur. À cause des fenêtres, il a fallu avoir recours au département des effets spéciaux, sous la houlette du superviseur Alex Burdett, pour actionner des ventilateurs géants qui faisaient bouger les arbres. C'était de la pure magie de cinéma, la seule « tricherie » étant la chambre d'Edward, dans laquelle une scène importante devait se jouer entre lui et Bella.

« Normalement, la chambre d'Edward se trouve au troisième étage, mais nous ne disposions matériellement pas de la hauteur nécessaire pour édifier un étage supplémentaire, commente Paul Austerberry. En fait, ce n'était pas vraiment indispensable. Les fenêtres étaient toutes les mêmes, donc nous avons triché en réaménageant le salon en chambre d'Edward. »

Les départements de la construction et de la décoration ont fait preuve « d'une efficacité et d'une rapidité incroyables » pour recréer la maison des Cullen, se souvient Bill Bannerman.

Ashley Greene dans le rôle d'Alice Cullen.

Disponible plus tôt que prévu, cette dernière est devenue rapidement une option pour le plan B si le climat devait interférer avec le travail en extérieur prévu. Quand on parle de « mauvais temps » en ce qui concerne le tournage d'*Hésitation*, qui a eu lieu à la fin de l'été, on parle de surabondance de soleil. « En général, on a besoin d'une solution de repli météo lorsqu'on tourne dehors et qu'il tombe des trombes d'eau, explique Bill Bannerman. Ici, comme nous avons commencé à filmer en août, le problème était plutôt le soleil. Comme nos vampires ne peuvent vivre que sous un ciel nuageux, nous devions tourner à des endroits abrités, et comme nous nous payions le luxe de disposer de la maison des Cullen, nous avons pu l'utiliser comme solution de repli. »

Des touches historiques ont été intégrées à la chambre d'Edward Cullen.

« Dans *Tentation*, j'avais une fonction de soutien. Dans *Hésitation*, Edward se bat pour être actif. Mais ce n'est pas vraiment lui le moteur de l'histoire. Ce sont des forces invisibles qui sont en jeu… En même temps, Edward essaie de trouver sa place. »

— ROBERT PATTINSON

La vendetta de Victoria

Bryce Dallas Howard dans le rôle de Victoria.

Dans les romans et les films, Victoria est le cauchemar qui ne meurt jamais. Dans *Twilight*, elle apparaît avec James et Laurent en haut de la montagne, lorsque Bella regarde les Cullen jouer au base-ball. Les trois méchants sont de cruels vampires nomades qui exhibent les vêtements et les accessoires de leurs victimes. Jetant son dévolu sur Bella, James attire la jeune fille à Phoenix, où il la mord avant d'être tué par Emmett et Jasper. Et c'est Edward qui, en suçant le venin de la blessure de Bella, la sauve. Tout est bien qui finit bien, mais ce n'est pas du goût de Victoria, qui se donne comme mission de voir Edward perdre à son tour sa bien-aimée.

« J'adore écrire pour Victoria. C'est un personnage très intéressant et j'aime beaucoup chercher à comprendre ses motivations, avoue Melissa Rosenberg. Ses actions sont justifiées. Elle a le cœur brisé et elle est furieuse d'avoir perdu son compagnon. »

Victoria apparaît aussi dans *Tentation*, mais dans *Hésitation* son ombre s'étend sur toute l'histoire dans la mesure où elle rassemble une horde de vampires nouveau-nés à Seattle (donnant lieu à une vague d'homicides et de disparitions qui font les grands titres des journaux et laissent craindre la présence d'un serial killer dans la ville). En principe, les Cullen protègent Bella et Alice utilise son talent télépathique pour détecter les dangers potentiels, mais son radar mental ne réussit pas à deviner que Riley l'inconnu est en train de réunir une armée. Lorsque le complot est finalement mis au jour, les Cullen et les loups laissent leurs différends de côté et joignent leurs forces pour protéger Bella et combattre les créatures assoiffées de sang.

« Comme Victoria débarque avec sa troupe de "bébés" vampires, il a fallu étoffer l'équipe d'acteurs cascadeurs, remarque le producteur exécutif Bill Bannerman. Ce qui a entraîné de nouveaux besoins au niveau de la coiffure, du maquillage et de la garde-robe, mais également des cascades et de l'action. »

« SES ACTIONS SONT JUSTIFIÉES. ELLE A LE COEUR BRISÉ ET ELLE EST FURIEUSE D'AVOIR PERDU SON COMPAGNON. »

Victoria a changé de visage. La Victoria d'origine, la sensuelle Rachelle Lefevre, a été remplacée par l'actrice Bryce Dallas Howard. Rachelle Lefevre avait opté pour un autre rôle et, suite à des conflits de calendrier de tournage, Summit n'a pas pu la garder. « Elle a accepté un autre film dont les dates ne correspondaient pas avec notre planning et il était trop tard pour qu'elle se désengage, raconte Wyck Godfrey. Ce sont des choses qui arrivent, malheureusement. »

Dès le départ, Stephenie Meyer avait pensé à Bryce Dallas Howard pour le rôle de Victoria, mais la jeune femme venait d'accoucher au moment du casting de *Twilight*, et elle n'avait pu être retenue. Bryce Dallas Howard était absolument ravie d'avoir une chance de se rattraper.

« J'étais totalement obsédée par *Twilight* ; je l'ai vu le jour de la sortie, raconte-t-elle. Je suis une inconditionnelle d'Edward. Il est vraiment dangereux, il pourrait tuer Bella à tout moment ! Tout est tellement passionnant, terrifiant et romantique à la fois. Je comprends tout à fait la fascination qu'exerce cette série de livres et de films. »

« Bryce Dallas Howard est la vampire la plus merveilleuse qui soit. On la maquille uniquement pour dissimuler ses taches de rousseur. Elle a un teint naturel tellement pâle que le maquillage ressemble à du velours, et nous ajoutons simplement un fin trait d'eye-liner à son regard. Elle fait une vampire belle, belle, belle ! »

— JOANN FOWLER

Interview de Bryce Dallas Howard — Victoria

« J'avais adoré les livres et les films avant d'être choisie pour jouer dans *Hésitation*. Je suis ce que vous pourriez appeler une "Twi-hard" (supra-fan). Après que j'ai vu *Twilight* pour la cinquième fois, une de mes amies m'a offert des Post-it sur lesquels elle avait dessiné le visage de Rob et écrit "Live dangerously" (vis dangereusement). Mais c'était très intimidant de reprendre un rôle créé par une autre actrice. Lorsqu'on a annoncé que c'était moi qui jouerais le rôle de Victoria dans *Hésitation*, il y a eu un énorme tollé en faveur de Rachelle. Je le comprends tout à fait, car elle s'était investie dans son rôle et a laissé un souvenir mémorable dans les deux films. Je voulais être à la hauteur à la fois de la création de Stephenie et de la magnifique interprétation du personnage de Rachelle.

« Ce qui était également un peu intimidant, c'était le fait que tout le monde avait déjà partagé beaucoup de choses sur les tournages précédents et avait noué des amitiés solides et durables. Je ne voulais pas débarquer comme une fleur en imaginant que tout le monde m'accueillerait à bras ouverts… et c'est pourtant ainsi que ça s'est passé. Les acteurs, la production et les techniciens ont été hyper accueillants. Tout le monde voulait que le film soit le plus réussi possible. Ma vie a changé dans la mesure où je me suis fait de nouveaux amis que je n'aurais jamais rencontrés si je n'avais pas travaillé sur ce plateau. C'est bien simple, j'ai adoré tout le monde.

« Le fait de relire les romans m'a énormément aidée. Stephenie a créé un univers dans lequel vous êtes littéralement aspiré. C'était une expérience très intense, un véritable voyage mental, de jouer une créature autrefois humaine, mais qui ne l'est plus… David Slade comprenait bien la psychologie des "Sang-froids" et nous avons eu des conversations sans fin pour réfléchir à comment nous plonger dans leur état d'esprit et transposer tout ça à l'écran.

« Si vous ne croyez pas à l'univers représenté, le public non plus n'y croira pas. Les spectateurs paient pour partir en voyage avec vous et pour que ce soit crédible, le mieux, c'est que vous testiez vous-même l'aventure. Pour cela, j'effectue des recherches, je me parle devant un miroir, je pénètre dans une pièce pleine d'acteurs et je m'exerce, je me repose sur l'équipe technique et les autres comédiens, et je fais confiance aux dialogues. La coiffure, le maquillage et le costume sont également des éléments qui donnent des informations. Tout le processus préparatoire est en lui-même très exaltant et exigeant à la fois, et il contribue, je trouve, à la découverte et à la naissance du personnage.

« Je crois que, dans *Hésitation*, on espérait dramatiser la lutte interne de Bella qui choisit entre la vie et la mort. C'est pourquoi il était nécessaire de faire sentir que les enjeux étaient importants. Je pense que David a remarquablement réussi à équilibrer le film entre spectacle et intimité.

« À mon échelle, il est évident que la scène la plus forte est celle de la fin du film, sur la montagne. Le combat contre Edward était fantastique. On s'était entraînés, mais quand vous arrivez sur place le jour J, que vous vous retrouvez au milieu du décor, que l'émotion monte, que vous entendez hurler "Action" et que vous vous mettez à vous envoler, c'est sensationnel et ça fait très réel !

« En extérieur, les éléments naturels comptent énormément. Parfois, je me disais : "On peut dire que j'ai fait de mon mieux vu que je n'ai pu faire qu'une prise à cause de la tempête de neige qui menace, qu'il fait moins dix et que je parle à une balle de tennis." Bien sûr, il y a aussi ces moments magiques où les éléments se rangent de votre côté : le vent souffle au moment idéal ou la température est en phase avec votre état émotionnel, la nature et l'histoire sont en parfaite symbiose. »

« Quelqu'un comme Victoria fonctionne uniquement à l'instinct. Chez les humains, tout le monde est entravé par la moralité, par ce qui est bien ou mal. C'est ce qui est fascinant chez les Cullen pour les Volturi : ils n'écoutent pas leurs instincts, mais ont intégré les notions humaines du bien et du mal. »

— BRYCE DALLAS HOWARD

« De par leur nature, les vampires se sont éloignés de leur humanité et s'ennuient. En se lançant à la poursuite de Bella, Victoria comble un peu ce manque. Elle retrouve un certain intérêt à la vie : comme un chat, elle s'amuse avec sa nourriture avant de la tuer. »

— MELISSA ROSENBERG

Le jeune étudiant Riley avant sa transformation.

Le personnage de Riley apparaît sous deux visages, d'abord comme un étudiant, puis comme un vampire en bonne et due forme. Côté costume, pour bien distinguer le personnage entre avant et après, nous avons opté pour des jeans, une veste cool et des tons dans les marron-ocre pour le jeune universitaire, et pour un look plus branché, avec pantalon étroit, boots et chemise, dans une palette de couleurs plus sombres, pour le buveur de sang.

« Dans les premières séquences où nous faisons la connaissance de Riley, la pluie tombe en cascade phosphorescente : image onirique et prémonitoire du changement de vie qu'il va connaître, déclare Javier Aguirresarobe. Le monde de Victoria et Riley est aux antipodes de celui de Bella, Edward et Jacob. Victoria et Riley évoluent dans un espace plus sinistre. Plus froid. La séquence sous le pont, au cours de laquelle Victoria essaie de séduire Riley, donne une bonne idée de la lumière et des contrastes utilisés autour de ces personnages. Il fait nuit, il y a de la brume… c'est leur environnement naturel. »

Le déluge qui tombe du ciel a été orchestré par l'équipe des effets spéciaux d'Alex Burdett. Généralement composée d'une vingtaine de membres, cette dernière a rassemblé jusqu'à 40 personnes à certains moments du tournage. Pour les scènes où Riley s'enfuit, elle a plongé sous la pluie un pâté d'immeubles et deux ruelles du centre ville de Vancouver. Elle a effectué la même opération sur les docks pour la séquence où le jeune homme succombe aux crocs de Victoria.

« Sur les docks, nous étions équipés d'une grue et d'une vingtaine de cannes à pluie, avec cinq camions citernes, explique Alex Burdett. Pour le tournage de la nuit suivante, en centre-ville, nous avons réquisitionné deux grues de plus avec un générateur de pluie et 20 autres cannes à pluie. Un générateur est un arroseur sophistiqué qui pulvérise à une cadence prédéfinie. Le chef décorateur voulait de grosses gouttes d'eau, si bien que nous avons dû rapatrier un nombre

Le vampire Riley s'introduit dans la maison des Swan.

« Victoria et Riley évoluent dans un espace plus sinistre, plus froid. »

«Victoria est motivée par un des plus grands ressorts de la tradition dramatique : la vengeance. En fait, les séances de travail les plus poussées, où nous avons pris le plus de notes, sont celles où j'ai travaillé avec Bryce et Xavier Samuel, qui joue Riley. Nous avons répété plusieurs fois à cause de la complexité du personnage et de ses actes. Victoria joue-t-elle avec Riley? Peut-être, mais peut-être pas. Chacun devra décider ce qu'il en pense. Je ne crois pas qu'il soit si simple de dire qu'elle le manipule, même si c'est une experte de l'évasion et de la manipulation. J'aime penser qu'elle a des priorités. Il est possible qu'elle aime Riley sur un certain plan, mais son moteur principal reste la vengeance, et à un moment donné elle largue tout le reste pour s'y consacrer entièrement.»

— DAVID SLADE

Cascades sous la pluie avec l'équipe des effets spéciaux.

impressionnant de camion-citernes et de cannes à pluie, car plus les gouttes sont larges, plus il faut de cannes pour couvrir une même surface. Les cannes mesuraient six mètres de haut et étaient hissées sur des immeubles de cinq étages. Les générateurs de pluie sont des structures de 25 mètres de long, avec des cylindres de plus d'un mètre de diamètre équipés de bouquets de gicleurs, que nous saisissons à l'aide d'une grue de construction et orientons à notre guise, en la déplaçant pour une couverture complète. »

Le coordinateur des cascades John Stoneham Jr, qui venait de travailler sur le film catastrophe *2012*, a eu l'impression de participer à un véritable salon de la machinerie et de l'équipement. Les acteurs et cascadeurs jouant les vampires portaient des harnais équipés de points d'ancrage les attachant à des câbles fixés à des systèmes qui les faisaient voler. « David voulait qu'ils aient l'air aussi lourds et réels que possible, et surtout pas qu'ils paraissent légers et éthérés comme dans un conte de fées, raconte John Stoneham. Et quand ils retombent au sol, il fallait qu'on ressente le choc. Nous avons enfoui dans le sol des espèces de ventilateurs, petits cylindres qui expulsaient de l'air au moment où un cascadeur atterrissait dessus, pour déclencher un jet de terre des plus vraisemblables. Le maître mot était "réalisme". »

Les cascades avec des câbles sont présentes tout au long du film, depuis la séquence où les Cullen et les loups s'allient pour pourchasser Victoria, jusqu'à bataille finale. Le coordinateur des cascades note que le réalisme prôné par le réalisateur a entraîné une légère distorsion de la vitesse à laquelle nous avaient habitués les vampires. « David voulait pouvoir filmer un maximum de choses sans trucage, alors l'accent a été mis sur des effets discrets, confirme le coordinateur des effets visuels Jeremy Ball. La séquence où loups et vampires poursuivent Victoria dans les bois va en intriguer plus d'un, je crois. David a vraiment placé la barre très haut en mettant au point une technique pratique permettant aux acteurs de courir dans la forêt. »

Les effets mécaniques créés par l'unité d'Alex Burdett et renforcés numériquement par Image Engine ont permis de grandes possibilités. « David Slade n'aimait pas l'effet de course à grande vitesse qu'on obtenait en faisant des prises de vue en accéléré. Vous remarquez cet effet, qui fait "homme bionique" », dit Alex Burdett, évoquant la série télé des années 1970, *L'homme qui valait trois milliards*. Nous avons donc réalisé des expériences, en demandant aux acteurs de courir sur place sur de petits chariots qui étaient tractés pendant qu'une caméra les filmait à partir d'une voiture. »

Les Cullen s'entraînent avec les câbles pour les cascades de combats.

Kellan Lutz montre ses points d'ancrage servant pour les cascades, et le câblage (ci-dessous) qui lui donne sa vitesse.

L'équipe effets spéciaux de Alex Burdett a élaboré deux approches : une pour les espaces ouverts, et l'autre pour les espaces fermés, comme dans la scène d'ouverture de la chasse dans la forêt. « On utilisait un "tapis magique", un convoyeur à bande de 30 mètres sur 2 mètres, sur lequel les acteurs couraient pendant qu'un camion le tirait à 50 km/heure, ce qui donnait l'impression qu'ils se déplaçaient à 70 km/heure, précise Alex Burdett. On a également eu recours à un quad à grande vitesse, en fait une voiturette de golf *boostée*, qui pouvait tirer un tapis roulant sur les pistes forestières et les endroits trop étroits pour laisser passer un camion. La sécurité de l'acteur était bien sûr assurée. Chaque fois que vous voyez un vampire courir, c'est l'une de ces techniques qui est utilisée, et on les a exploitées jusqu'à plus soif. Elles ont surtout servi pour la bagarre finale avec les nouveau-nés, bien que, malgré les restrictions d'espace, nous ayons utilisé des poulies à grande vitesse pour tirer le convoyeur. »

Le *vamp-timing*, terme adopté par Image Engine pour décrire les effets spéciaux de vitesse, a ensuite permis de compléter les effets physiques saisis

en temps réel. « Nous ajoutions des détails au matériau filmé existant, par exemple la poussière qui s'envole, expose le superviseur de séquence, Robin Hackl. C'était compliqué parce qu'ils filmaient les acteurs à une fréquence d'images supérieure, donc il nous fallait recadencer et adoucir le mouvement. Nous choisissions aussi des moments-clés, par exemple quelqu'un qui lance son poing en avant, et exagérions la vitesse, mais sans donner l'impression d'un mouvement accéléré. »

Pour la séquence autour de la chasse de Victoria, le superviseur d'effets spéciaux et une équipe de six personnes ont coopéré avec le réalisateur et le directeur de la photo pour fixer des caméras légères et téléguidées dans une forêt au nord de Vancouver. Une fois les points de départ et d'arrêt définis, les questions pratiques éclaircies avec la régie ou avec l'administration du parc de Vancouver, nous avons installé notre équipement de câbles et de caméras. Nous avons utilisé deux arbres comme repères pour délimiter notre espace et aussi pour servir de tirant d'ancrage, parce qu'il y avait pas mal de pression sur le câble, explique Alex Burdett. Nous avons monté une ligne de câble, et un chariot sur lequel était montée la caméra pour glisser sur le câble. »

« Pour la scène de poursuite, une cascadeuse remplaçant Victoria devait bondir au-dessus d'un ravin de 25 mètres de large. Nous avions une ligne en hauteur tirée entre les deux falaises, un rochet et un descendeur pour la tirer. Une grande partie de l'équipement a été choisie en fonction de l'environnement. Nous devions faire des grands sauts d'arbre en arbre. Chaque site était différent. Un bon machiniste de plateau permet de résoudre les problèmes : il sait exactement quoi câbler pour tourner le plan en toute sécurité. »

— JOHN STONEHAM JR

Comme tous les vampires appartenant à l'univers de Stephenie Meyer, Riley n'est tristement opérationnel que sous un ciel chargé de nuages, mais comme le fait observer Javier Aguirresarobe, « c'est vraiment à la faveur de l'ombre de la nuit » que Riley et Victoria évoluent en toute liberté. Leurs victimes sont donc naturellement les oiseaux de nuit, ceux qui fréquentent les bars, les boîtes et les autres hauts lieux de la vie nocturne. « Autrement dit, tout individu se retrouvant dans une rue de Seattle entre 22 heures et 2 heures du matin, précise Tish Monaghan. Ce qui a donné une population d'étudiants, d'amateurs de jazz et de musiciens, et même un homme d'affaires faisant une halte au bar après son travail. »

Le groupe de base était constitué de 21 vampires nouveau-nés qui, étant donné le niveau d'action requis, étaient joués par des cascadeurs. Leur garde-robe était constituée de vêtements, en six ou sept exemplaires pour chacun d'eux, dont le choix était dicté par le métier de la victime. Par exemple, un rocker cool était habillé différemment d'un businessman sortant pour la soirée. Le point commun, c'était le choix de tonalités, plus chaudes que celles portées habituellement par les Cullen.

« Je ne voulais pas que les nouveau-nés ressortent trop, assaillent les sens et attirent inutilement l'attention, explique Tish Monaghan. Nous avons vieilli leurs habits. C'était une approche très méthodique qui a été prise en main par les 45 membres de notre département, sous la houlette de Lily Yuen, notre responsable de l'habillage. Ils ont réfléchi aux endroits où placer les marques de vieillissement ; et pour cela, ils ont créé un vécu pour tous les personnages. Par exemple, comme ce sont des vampires tout neufs, ça fait quinze jours qu'ils n'ont plus besoin de dormir. Vous devez vous interroger sur ce qu'ils font de leurs nuits. Peut-être qu'ils se cachent ou parcourent les forêts, alors leurs pantalons sont griffés par les branchages et leurs chaussures sont complètement éculées. Leurs costumes ont donc été sablés et teintés pour suggérer cette idée. Lily a adopté une approche très scientifique. »

« Les nouveau-nés sont de véritables vampires, mais ils savent moins se contrôler. Ils n'ont que de très courts moments de concentration ; ils sont moins gérables et plus violents, ils ne réfléchissent pas avant d'agir. Leur cœur bat bien plus vite, si vous voulez. Cela donne une créature dangereuse. Ce qui dessine un fort contraste avec les Cullen et les Volturi, qui ne perdent jamais leur "sang-froid". »

— WYCK GODFREY

Riley et les vampires nouveau-nés.

« Les vampires nouveau-nés ne sont pas des zombies ni des monstres. Leur problème principal, c'est la perte de tout contrôle dès qu'ils sentent l'odeur du sang. Nous ne voulions pas être trop simplistes, donc nous sommes restés aussi subtils que possible. »

— DAVID SLADE

«Avant que les vampires n'émergent de l'eau, l'équipe de
maquillage a dû rester immergée jusqu'à la taille pour retoucher
leur maquillage qui se mouillait et s'abîmait sans arrêt. Ils ne
pouvaient quand même pas sortir avec la peau toute rouge!
L'un des plus rigolos, c'était le cascadeur que nous avions baptisé
"la grosse boule de la mort". Sa tête était vraiment énorme et
avec tout ce maquillage blanc, nos regards étaient irrésistiblement
attirés vers lui et non là où ils étaient censés se porter. Nous
l'avons finalement relégué tout au fond!»

— JOANN FOWLER

Comme un grand nombre de scènes avec les nouveau-nés étaient filmées par la deuxième équipe, c'est Joann Fowler qui s'est chargée de leur maquillage. « Nous ne voulions pas qu'ils aient l'air trop différent des Cullen, argumente Joann Fowler. Il s'agissait de cascadeurs car leur rôle consistait essentiellement à se battre. Les vampires ne saignent pas et ne se font pas de bleus. La difficulté est qu'ils restent pâles en permanence et que le maquillage passe inaperçu, comme si c'était leur vraie peau, surtout dans les scènes où ils se battent, transpirent, reçoivent de la poussière ou sont jetés par terre. »

Pour les maquilleurs de la deuxième équipe, chaque journée commençait avec les nouveau-nés, les doublures de cascades et les acteurs principaux dans la caravane principale à sept places ou dans les trois caravanes de trois places. Joann Fowler supervisait l'ensemble. Ensuite, plus d'une douzaine de maquilleurs partaient sur le tournage pour surveiller les retouches à faire.

« Le maquillage en lui-même était assez facile, remarque Joann Fowler. La partie difficile, c'était de le faire tenir toute la journée. Vous deviez l'appliquer sur des zones généralement oubliées (mains, cou, intérieur des oreilles). Nous appliquions à l'arrière des oreilles un maquillage aérographique assez épais, comme de l'encre, car l'éclairage par l'arrière rend les oreilles

« Les vampires ne saignent pas et ne se font pas de bleus. »

translucides et les fait paraître rouges. Les mains aussi sont un gros problème. Alors, il faut veiller au grain et apporter en permanence des corrections. Aucune pause possible, il faut que chaque centimètre de peau soit recouvert.

« Nous faisions des retouches entre les prises. La production comprenait les difficultés et si quelqu'un avait besoin d'un coup de pinceau au moment où on criait "Moteur", j'allais voir le premier assistant réalisateur et tout était interrompu. On n'a pas abusé de la situation, mais on devait rester vraiment très vigilants. »

Xavier Samuel dans le rôle de Riley Biers.

« Tout le monde a adoré *Hésitation*, parce que c'est le film où il y a le plus d'action. Nous voulions vraiment que les spectateurs soient captivés et embarqués dans l'histoire. Je crois que c'est le film de la saga qui plaira le plus aux hommes, même si tout reste centré sur Bella. L'armée des nouveaux vampires craint sa transformation prochaine, et nous informe de sa réalité brute. En voyant ces images, nous nous inquiétons inconsciemment de ce que va devenir Bella, si elle se métamorphose à son tour en jeune vampire. Ça la travaille. »

— WYCK GODFREY

Les esprits guerriers

Bella et Jacob rejoignent le feu de camp des Quileutes pour écouter les légendes de la tribu.

Le sacrifice de la troisième femme sauva la tribu.

Dans *Hésitation*, Bella se retrouve autour d'un feu de camp qui crépite ; elle se sent à l'aise dans le cercle des Quileutes, attendant d'avoir le privilège d'entendre leurs légendes. « Ils m'avaient traitée comme une des leurs »[4], se rappellerait-elle. Stephenie Meyer plante le décor dans lequel Bella va entendre des paroles qui pourraient la faire revenir sur sa décision. Depuis la nuit des temps, le peuple quileute se transmet son histoire autour d'un feu, une histoire qui parle de vampires et de loups-garous, ici sciemment partagée avec Bella.

Le scénario d'*Hésitation* raconte une légende ancienne. Un jour de l'année 1750, deux guerriers quileutes se retrouvèrent nez à nez avec un homme apparemment espagnol, qui se trouvait à côté du cadavre de deux femmes de leur tribu. L'étranger était un vampire et les guerriers se transformèrent en loups. Leurs crocs taillèrent l'homme en pièces, mais pas avant que le Sang-froid n'ait tué l'un d'entre eux. Il fallut avoir recours au feu pour l'achever. Les villageois quileutes vécurent alors dans la peur de voir arriver d'autres créatures sanguinaires.

Quelque temps après, une femelle vampire fit son apparition, assoiffée de vengeance après la mort de son compagnon. Elle fit un carnage, si bien que Taha Aki, le chef de la tribu, se trouva le dernier « esprit guerrier » capable de se transformer en loup pour riposter. La troisième femme du chef, qui était dépourvue de pouvoirs magiques, regardait impuissante la femelle vampire prendre l'avantage lorsque, n'écoutant que son courage,

Le mystérieux vampire espagnol attaque les villageois quileutes.

Bella (Kristen Stewart) partage un moment avec Jacob (Taylor Lautner).

elle sortit un couteau et le plongea dans son propre cœur. L'odeur du sang détourna l'attention du vampire, ce qui permit au loup de le détruire. Le sacrifice de la troisième femme sauva la tribu.

En faisant des recherches afin de reconstituer l'ancien village quileute, la production s'est rendu compte que le passé de la tribu était plutôt lourd. À la fin du XIXe siècle, un pyromane mit le feu au village et les flammes consumèrent une grande partie de l'histoire des habitants. « Leurs maisons furent entièrement brûlées, de même que leurs biens, raconte Paul Austerberry. C'est une histoire triste. Il ne restait plus autant d'archives que chez les autres tribus. Il a donc fallu s'inspirer d'autres nations de la péninsule d'Olympic, mais dans le respect de l'identité de la population quileute, pour imaginer un village vraisemblable. Notre but était de donner l'impression que nous nous trouvions dans un monde réel. »

Le village quileute a été reconstitué dans une anse au nord de Vancouver et au sud de la petite ville de Squamish. « Au fil de ses recherches, Paul Austerberry a été amené à penser que les tribus indigènes de cette région construisaient des villages qui devaient être mobiles, explique Bill Bannerman. Suivant la saison, ils pouvaient tout démonter, mettre leurs biens dans des canots ou sur des chevaux et déménager. Nous avons voulu refléter cette authenticité. »

Le site présentait quelques inconvénients. Il n'était pas assez vaste pour accueillir plus de quelques maisons et le directeur de la photographie devait se débrouiller avec des conditions météorologiques contraignantes. « Le directeur de la photographie réclamait souvent un léger éclairage en halo ou en contre-jour, orienté vers le soleil, mais pas directement. Or, la baie était abritée du soleil par un pan de la montagne, dit Paul Austerberry. Nous disposions d'une fenêtre météo d'une heure et demie pour les prises en grand angle. Le lendemain, le pauvre Javier a dû se débrouiller pour réussir des plans plus serrés. Il devait bloquer une grande partie du soleil arrivant de face, alors qu'il aurait voulu l'avoir à l'arrière. Le département de la création doit travailler main dans la main avec le directeur de la photo, et en extérieur vous devez toujours prendre le soleil en compte. Dans ce cas, on n'avait pas vraiment le choix. C'est la baie et l'emplacement qui dictaient la situation. »

Le village a pris forme. On a érigé des casiers en bois pour le séchage du poisson et du tabac. On est arrivé à caser trois maisons en longueur. On a édifié un fumoir sur pilotis, sur la plage, et de nombreux objets ont été apportés au décor. Quatre canoës ont été reconstitués à l'identique

La conception du village quileute a donné lieu à un gros travail de recherche.

pour la scène de l'attaque de la femelle vampire, lorsque les villageois terrorisés s'enfuient. « Les vrais canoës sont construits en bois de cèdre, mais nous avons construit les nôtres en Styrofoam solide que nous avons taillé à la tronçonneuse pour faire croire qu'ils avaient été creusés dans le bois, raconte Paul Austerberry dans un sourire. En plus, ils étaient fonctionnels, ils flottaient ! »

Tish Monaghan a dû dessiner des costumes conformes à ceux des Quileutes de l'époque. « Ça m'a donné l'occasion, déclare-t-elle, de me livrer à des recherches passionnantes, notamment en ligne, et de me plonger dans des journaux personnels, de registres et de descriptions d'explorateurs rencontrant les tribus de la côte Pacifique du Nord-Ouest. » Elle a consulté des livres, observé les photographies d'Edward Curtis et contemplé les œuvres des peintres de l'époque. Mais la révélation s'est faite après plusieurs visites de l'université Simon Fraser et à son musée d'archéologie et d'ethnologie, ainsi qu'au musée d'anthropologie à l'université de Colombie britannique. « Du nord de la Colombie britannique jusqu'au sud de l'État de Washington, et même dans l'Oregon, un même matériau revenait dans tous les vêtements : l'écorce de cèdre », explique Tish Monaghan.

« ILS PORTAIENT DES CAPES EN ÉCORCE DE CÈDRE QU'ILS ENROULAIENT AUTOUR DE LEURS CORPS ET MAINTENAIENT À L'AIDE D'OS OU DE FICELLE. »

«Au niveau de la photographie, la séquence dans le village quileute a été traitée d'une façon particulière. Elle a été filmée avec des couleurs chaudes et peu de contraste. J'ai essayé, tout en restant réaliste, de faire voyager nos imaginations jusqu'aux événements qui auraient pu se produire trois cents ans auparavant. La séquence avait un certain aspect documentaire qui permet de renforcer le côté tragique de ce qui arrive à la tribu, sans abandonner les aspects esthétiques du film lui-même.»

— JAVIER AGUIRRESAROBE

Les deux musées possédaient des objets du XVIIe siècle et des restes de sépultures, avec des exemplaires de vêtements tissés en cèdre. Ils étaient dans un état de délabrement avancé, mais j'ai pu les étudier de près et les photographier. C'était de l'écorce de cèdre tissée. Les populations récoltaient l'écorce à un certain moment de l'année, la découpaient en bandes, qu'ils faisaient tremper dans l'eau pour les attendrir et les rendre malléables. «Ils portaient des capes et des tuniques de cèdre qu'ils enroulaient autour de leurs corps et maintenaient à l'aide d'os ou de ficelle. La pudeur était respectée. Les femmes portaient des châles sur leurs épaules, et les hommes ceignaient leurs hanches de tissus et marchaient pieds nus, mais nous avons donné à nos villageois de quoi se chausser.» Sous la pluie, l'écorce gonflait et jouait un rôle protecteur, comme un poncho.

Tish Monaghan a découvert que certains Indiens fabriquaient encore des costumes traditionnels en écorce de cèdre pour le musée et la vente au public. Elle a trouvé une cape en bois de cèdre à Whistler, mais au prix prohibitif de 25 000 dollars, pour un département qui devait habiller quelque 75 villageois quileutes. Finalement, la solution a consisté à imiter des vêtements en écorce de cèdre avec du tissu géotextile ressemblant à la toile de jute.

«Le département de la décoration nous en a prêté un peu et ça rendait hyper bien, se rappelle Tish Monaghan. Nous en avons acheté environ 30 mètres pour cent dollars! Nous avons aussi utilisé des couvertures et du chanvre tissé grossièrement. Nous avons accordé une attention spéciale au chef et à sa femme. Je voulais qu'ils se distinguent, déclare Tish Monaghan. J'ai utilisé

Le chef et sa femme pleurent un guerrier mort.

de la soie sauvage pour le costume de la femme, on aurait dit une simple couverture tissée. En m'inspirant des habits que j'ai vus dans les deux musées, j'ai rajouté un liseré rouge rappelant les points des couvertures. La tribu était vêtue de répliques de vêtements en écorce de cèdre, plutôt ocre et dans les tons terre, alors que le chef et sa femme portaient des couleurs plus claires, blanc cassé. »

Tippett Studio avait imaginé les loups contemporains, mais la mission d'Image Engine a été de créer les « anciens loups » qui apparaissaient dans le récit des Quileutes. Les loups générés par ordinateur devaient suivre le look défini par Tippett Studio dans le film *Tentation*. « Nous avons fourni notre modèle de base à Image Engine pour garantir une certaine harmonisation », remarque le superviseur de l'animation de Tippett, Tom Gibbons.

Mais Image Engine a quand même eu l'opportunité de prendre quelques licences créatives. « Une certaine liberté était envisageable dans la mesure où nous reculions dans le temps, déclare Jon Cowley, responsable des effets visuels chez Image Engine. Notre équipe de conception maison a proposé différentes apparences que nous avons soumises au réalisateur et au responsable des effets visuels du plateau, côté production. C'était subtil, mais nous donnions l'idée que les loups ont évolué dans le temps. Nos loups du passé étaient efflanqués, plus minces et au poil moins lustré, pas aussi bien nourris que leurs descendants actuels, qui sont un peu plus lourds. Chez Image Engine, notre animation est directement liée à l'histoire, ajoute Jon Cowley.

Lorsque vous travaillez sur un film, certains mots créent le *buzz* et sont utilisés à toutes les sauces pour décrire le personnage à vos animateurs. Comme l'objectif numéro un était de créer des loups photoréalistes, ce mot a été *poids*. Même quand les loups ne se trouvent pas près d'un élément permettant une comparaison, nous voulions qu'ils aient l'air grands et massifs, mais aussi très rapides. Nous recherchions cet équilibre. »

Sur un mur de son bureau dans le studio de Berkeley, en Californie, Phil Tippett est représenté sur une composition de photographies de Ray Harryhausen, le maître de l'animation en *stop-motion*, l'art de manipuler un objet articulé image par image pour donner une illusion de vie. Cette photo est un exemple de ce que Phil Tippett appelle « l'effet fantôme », l'idée d'une image parlant au spectateur, même au niveau de l'inconscient. Ray Harryhausen a créé l'animation image par image pour des classiques de l'aventure comme *Le 7e voyage de Sindbad* ou *Jason et les Argonautes*.

Phil Tippett représente la génération suivante, qui a travaillé sur *La Guerre des Étoiles* avant de prendre la tête de la boutique de créatures chez Industrial Light & Magic, puis de créer sa propre entreprise, spécialisée dans l'animation image par image. Mais les effets traditionnels ont laissé la place aux images de synthèse. « Au début de l'infographie, c'était horrible ! se remémore Phil Tippett. Pour moi, un ordinateur, c'était une boîte pour les comptables ! C'était peu convivial comme outil pour un artisan, pour les animateurs de *stop-motion*. Un vrai choc culturel, mais on n'avait pas le choix : soit on s'adaptait, soit on disparaissait. Personne ne s'intéressait à vous si vous n'utilisiez pas l'informatique. Mais quand j'ai vu *Jurassic Park*, j'ai compris que c'était l'évolution logique de la technologie et j'ai réfléchi. Aujourd'hui, j'adore collaborer avec des fondus de numérisation pendant que je discute avec le réalisateur, le scénariste, le chef décorateur et le directeur de la photographie pour faire la prise. »

Pour *Tentation*, Tippett Studio avait beaucoup étudié les loups avant d'attaquer le projet, allant jusqu'à visiter un refuge près de Los Angeles pour examiner ces animaux de près. « Pour concevoir les loups, il avait fallu créer un système musculaire réaliste pour le principal modèle (héros), puis une grille surfacique qui définirait les *splines* générales permettant au logiciel du studio d'interpoler automatiquement les poils. Nous avons ensuite décidé de la couleur et de l'apparence de la fourrure. Lorsque les loups sont arrivés à la phase de rendu, on estimait à environ 4 millions le nombre de poils par loup, deux fois plus que sur n'importe quel autre modèle créé par Tippett Studio. »

« LES LOUPS ONT ÉVOLUÉ DANS LE TEMPS. »

Dans *Hésitation*, la recrudescence d'activité vampirique dans la péninsule d'Olympic déclenche la naissance de trois nouveaux loups. En plus de la meute déjà présentée dans *Tentation*, Tippett Studio a dû créer des spécimens pour Quil, Seth et Leah, la première femelle. Ils ont dû également adapter les animaux à la vision du nouveau réalisateur. « Les loups avaient été définis dans le film précédent, donc on ne pouvait pas radicalement changer, déclare le coordinateur d'effets visuels, Jeremy Ball. D'un autre côté, si un réalisateur veut pousser un film dans une direction, on peut modifier certains paramètres, d'une façon parfois si légère que le spectateur n'en aura pas conscience. »

Images de loups, avec l'aimable autorisation de Tippett Studio.

Maquettes de loups sur le décor.

« Mon approche est d'imaginer que je me retrouve dans ce monde et que là je me dise : "Oui, j'y crois. Ça pourrait arriver !" Les loups étaient les héros du deuxième film, mais dans celui-ci, ils font également partie du paysage, aussi réels que les arbres, les maisons et tout le reste. Donc, mon premier objectif en ce qui les concernait était le photoréalisme. Je me rappelle une réunion avec Phil Tippett où je lui ai avoué : "Phil, je suis terrifié par ces loups." Et il m'a rétorqué : "Tu sais quoi? Moi aussi !" Nous savions que si nous voulions qu'ils soient suffisamment héroïques pour rester crédibles face aux personnages de *Tentation*, ils devaient avoir l'air réel. Dans *Hésitation*, c'était une question de point de vue, et non d'amélioration technique. Bien sûr, un loup de quatre mètres de haut, ça fait peur. Mais il n'était plus aussi important de montrer leur côté effrayant. Ils devaient faire partie intégrante de ce monde, parce qu'il y a plein de choses qui vous emplissent de crainte et d'autres émotions. »

— DAVID SLADE

Si la plupart des membres de l'équipe de création des loups-garous numérisés pour *Tentation* se sont retrouvés sur le tournage d'*Hésitation*, Eric Leven, responsable des effets visuels chez Tippett Studio pour la production était « le petit nouveau », comme il dit. « Je me sentais décalé, car tout le monde ici avait travaillé sur les loups-garous depuis des mois. Il fallait aussi que je me familiarise avec les personnages de la saga. Je devais les connaître pour pouvoir m'assurer de ne pas trahir leurs personnalités. »

Tippett Studio avait conçu les loups de *Tentation* pour répondre à la recherche esthétique de Chris Weitz, mais devait revoir sa copie pour l'approche photoréaliste qui intéressait David Slade, se remémore Eric Leven. « Notre réalisateur était clair sur son choix d'une nouvelle orientation faisant la part belle au réalisme, explique Eric Leven. Le premier film s'inscrivait dans la lignée des contes de fées, le deuxième était très romantique, mais était le premier dans lequel vampires et loups-garous combattent vraiment. »

DAVID NOUS DEMANDAIT DE FAIRE RESSORTIR LA SAUVAGERIE DES LOUPS, LEUR CÔTÉ ANIMAL.

Les mois qui se sont écoulés entre l'automne et l'hiver ont été consacrés à plancher sur ce nouveau concept de réalisme. Le réalisateur faisait part de requêtes spécifiques, par exemple il voulait qu'on voie les loups montrer les dents de façon féroce. « Par opposition à un grognement, voir une créature canine retrousser les babines entraîne une réaction très primaire au niveau du cerveau reptilien, du type "Sauve qui peut!", rigole Tom Gibbons. C'est beaucoup plus menaçant. David est arrivé sur le tournage avec quantité de souhaits de ce type. »

« David voulait notamment que le comportement des animaux change, se rappelle Eric Leven. Chris Weitz nous avait demandé de faire ressortir le côté humain des loups. Par exemple, nous avions utilisé les yeux de Taylor Lautner pour son loup. David, quant à lui, nous demandait de faire ressortir leur sauvagerie, leur côté animal. Au lieu de penser à leurs pattes comme à des mains, nous sommes revenus au fait que les loups utilisent surtout leurs gueules, et que leurs pattes servent avant tout à leur équilibre. Si bien que dans la scène de la bataille, ils n'utilisent pas leurs pattes pour se battre contre les vampires nouveau-nés, mais pour se stabiliser pendant qu'ils attaquent tous crocs dehors. »

En décembre, le studio des effets visuels pensait pouvoir présenter au réalisateur des plans répondant à ses attentes. L'équipe Tippett s'est envolée pour la Californie, afin de présenter une scène entre Bella et le loup Jacob. Mais l'objectif n'était pas encore atteint. « David nous a expliqué qu'il ne voyait pas la finesse de résolution qu'il recherchait au niveau de la fourrure, se souvient Eric Leven. Il voulait qu'au niveau du ventre, on distingue bien les touffes de poils. Il attendait des poils hirsutes et pas agglomérés.

« Le problème, c'est que chaque loup est doté d'environ quatre millions de poils et que solliciter encore plus l'ordinateur pour créer une silhouette numérisée en haute résolution ferait exploser les coûts. En fait, entre *Tentation* et *Hésitation*, le nombre de poils devait tripler. » « On peut tout faire faire à un ordinateur, du moment que le budget est illimité, avoue

Il a fallu des mois pour affiner les millions de poils qui composent la fourrure de chaque loup créé par ordinateur.

Détail du pelage élaboré pour les loups.

Images de loup, avec l'aimable autorisation de Tippett Studio.

Tom Gibbons. Mais lorsque vous avez un budget à respecter, vous devez faire preuve de ruse. Nous avons donc triché avec la machine pour obtenir le rendu que nous souhaitions. »

La solution a été de prendre la fourrure de base puis, au moment où le modèle de loup arrivait au niveau du rendu final, d'ajouter un autre aspect « de façon procédurale », c'est-à-dire en utilisant un processus infographique de génération automatique. « Nous avons réalisé une tâche que nous n'avions jamais tentée auparavant avec notre outil à poils, explique Eric Leven. En général, pour "faire pousser" un pelage, on lance une tâche automatique d'interpolation entre des *splines* principales. Mais en plus de cela, nous avons ajouté des millions de poils supplémentaires qui s'interpolaient entre ceux qui avaient déjà été imbriqués. Il s'agissait d'une deuxième couche de poils générés automatiquement, avec leur aspect et leur style propres. Au final, nous avons recouvert chaque loup d'environ 8 millions de poils. »

Au mois de janvier, l'équipe de Tippett Studio a apporté les rendus de tous les loups en haute résolution, et cette fois-ci, le réalisateur a donné son aval. L'aventure créative avait été longue, s'étalant de la fin de l'été jusqu'à ce 12 janvier 2010, où l'apparence finale a définitivement été adoptée. « Tout était finalement une question d'aspect et de dissociation des poils », conclut Eric Leven.

« Quil est franc du collier. Seth est différent. C'est le plus jeune loup, un peu comme un petit frère qui suit le modèle de Jacob. Il est impatient de faire partie de la meute. Seth n'est pas aussi grand que Sam ou Paul. Ses jambes sont plus fines et il se rapproche plus d'un coyote, au niveau des marques et du physique. Il est plus bagarreur et joue l'indépendant à la fin, car il se bat en duel avec Riley. Pour Leah, nous avons tenté une légère modification du museau, que nous avons allongé et affiné, pour donner à la louve des lignes plus féminines. »

— ERIC LEVEN

Images de loup, avec l'aimable autorisation de Tippett Studio.

« Mon personnage descend directement de la lignée des esprits guerriers et des premiers loups-garous. Quand les transformations se produisent, nos hommes jeunes reprennent le fardeau et la responsabilité qui avaient été ceux de leurs ancêtres pour protéger la tribu. Les vampires agissent de même. C'est une histoire de clan, qui vous élève l'âme et montre le meilleur de vous-même. »

— GIL BIRMINGHAM

Chaske Spencer (Sam Uley), Gil Birmingham (Billy Black) et Tinsel Korey (Emily).

« La nuit où nous avons tourné la scène du feu de camp a été l'une des plus dures au niveau météo. Nous avons filmé toute la nuit et la matinée, et il tombait des cordes. Nous avons passé deux fois trois heures dans une tente à attendre que la pluie veuille bien s'arrêter. Elle s'interrompait pendant un quart d'heure, alors nous nous précipitions dehors, tournions en vitesse le plan, puis retournions à l'abri pour attendre l'éclaircie suivante. »

— TAYLOR LAUTNER

« La scène du feu de camp est importante, et pas seulement du point de vue de l'exposition narrative. C'est le signe que Jacob laisse Bella pénétrer dans sa sphère familiale. Ce que je préfère dans cette scène, c'est le bien-être que ressent Jacob au côté de Bella. Et puis elle écoute une histoire que la tribu s'est transmise de génération en génération. Elle est la première étrangère à entendre cette légende, et ça compte beaucoup pour elle. »

— KRISTEN STEWART

Paysages du passé

Jasper en route vers son destin.

EXT. DÉSERT PRÈS DE HOUSTON, TEXAS – NUIT (1863)

COUPE RACCORD – VISAGE HUMAIN DE JASPER, bronzé et écarlate après sa course au grand galop sur la piste poussiéreuse. Il est très séduisant dans son uniforme de l'armée confédérée.

JASPER (Voix OFF)
Je rebroussais chemin vers Galveston
après avoir évacué une colonne de femmes et d'enfants…
lorsque je les ai vues…

Il ralentit à la vue de TROIS FEMMES vêtues de robes élimées et marchant pieds nus. Il est subjugué par leur beauté. MARIA, Mexicaine aux cheveux noirs et à la peau de porcelaine, est accompagnée de deux autres jeunes femmes, LUCY et NETTIE. Il met pied à terre, les salue poliment. Maria le dévisage…

Voilà comment le script de Melissa Rosenberg raconte les débuts de Jasper en tant que vampire. Il s'agit d'un souvenir douloureux, qu'il partage avec Bella lorsqu'ils comparent leurs cicatrices jumelles en forme de croissant. Il évoque la façon dont Maria, la suceuse de sang qui l'a transformé, s'est servie de lui pour entraîner son armée de nouveau-nés. Malgré son savoir-faire militaire (c'est le plus jeune major dans la cavalerie texane), il ne pouvait maîtriser la sauvagerie des vampires. Dans le script, il proclame pourtant fièrement : « Je n'ai jamais perdu un combat. » En racontant son expérience, Jasper met Bella en garde : il faut qu'elle sache que, quand elle se transformera, elle aussi sera en proie à la soif de sang incontrôlable des nouveau-nés. Bella apprendra également ce qui est arrivé à Rosalie dans sa vie antérieure, ce qui lui permettra de bien évaluer les conséquences de la perte de son humanité.

L'évocation du passé de Jasper survient lorsque les Cullen se préparent à combattre les nouveau-nés. Trois sites ont été nécessaires pour le tournage de cet épisode, qui démarre par la rencontre du soldat avec les trois jeunes femmes, et se poursuit avec l'entraînement des recrues de l'armée de Maria, des décennies plus tard. Pour ces scènes-là, qui se déroulent à la fin du XIXe siècle, l'équipe de production a déniché une ferme datant des années 1890.

Jackson Rathbone
dans le rôle de Jasper Hale.

« J'ai dit banco, observe Paul Austerberry. J'ai choisi cette grange pour ses murs à claire-voie, conçus pour laisser passer le souffle du vent afin de sécher le foin, que traverse le soleil en dessinant de magnifiques rais de lumière. »

« Tout le film tourne autour du choix de Bella et de ses conséquences. »

« Je ne choisis jamais entre stylisme et réalisme… Tout est réalisme pour moi, avoue David Slade. Je pense par exemple que choisir de filmer une séquence en noir et blanc pour indiquer qu'elle se situe dans le passé est une façon grossière de guider le public. Dans les histoires de Jasper et Rosalie, nous présentons les vampires sous leur apparence humaine, ce qui est inédit ! Quand vous pensez à l'enthousiasme délirant suscité par la saga et au nombre inouï de spectateurs, c'est une énorme responsabilité. Je voulais donc montrer l'apparence qu'avait le "Jasper d'antan", avec la texture de sa peau de mortel, et ça, ce n'était pas possible en noir et blanc.

» Tout le film tourne autour du choix de Bella et de ses conséquences, une réflexion étayée par ces récits du passé des Cullen. Ces séquences restent fortement liées à l'intrigue principale et nous avons voulu les rendre aussi vraisemblables que possible. Nous allons découvrir quels humains étaient ces vampires et tout ce qu'ils ont perdu. Leur fonction essentielle est de servir d'avertissement à Bella, mais l'histoire de Jasper aurait pu à elle seule constituer le sujet d'un film. Elle se déroule aussi à une période très symbolique dans l'histoire des États-Unis, avec la guerre de Sécession et la conquête de l'Ouest. »

Jasper (Jackson Rathbone) raconte son passé à Bella (Kristen Stewart).

« David Slade tenait absolument à ce que nous voyions Jasper chevaucher à travers des immensités désertiques. Plus l'image contient d'informations susceptibles de recréer une ambiance, plus le public va adhérer. Nous ne nous sommes pas autorisé de compromis car l'environnement était crucial. Il nous aurait été facile de planter le personnage de Jasper à cheval sur une vieille piste poussiéreuse, avec quelques buissons autour, et de filmer en plans très rapprochés. En tournant dans une vallée très ouverte, nous avons donné énormément de crédibilité à l'environnement, et donc à l'histoire. »

— BILL BANNERMAN

Le tournage du film a commencé dans une carrière, avec l'histoire de Jasper.

L'image de Jasper chevauchant au milieu d'étendues désertiques permettait d'évoquer le mythe de l'Ouest américain. « L'atmosphère, malgré la nuit, est empreinte de chaleur et de mystère, car nous avons tourné de jour, signale le directeur de la photographie, Javier Aguirresarobe. La combinaison d'une terre poussière et de scènes violentes rappelle immanquablement les westerns. Nous avons conçu ce principe photographique pour nous rapprocher des classiques américains, qui allient violence et romantisme. »

Le département des costumes s'est penché sur la période de la guerre civile, puisque Jasper est décrit comme un soldat confédéré, et a fait fabriquer de A à Z tous les costumes, notamment les robes des sirènes vampiriques et les loques des nouveau-nés. Pour l'uniforme de Jasper et tout ce qui se rapporte à la guerre de Sécession, l'équipe de Tish Monaghan a fait appel à trois sociétés travaillant avec des associations de reconstitution historique. Elle a arrêté son choix sur le fournisseur dont les produits conjuguaient tissu de meilleure qualité et meilleure coupe. L'uniforme de Jasper est composé d'une veste croisée, d'un gilet, de pantalons à bandes jaunes, d'une chemise de lin blanc, de bottes hautes et d'un chapeau à larges bords. « Je me suis retrouvée face à un foisonnement de références iconographiques sur cette guerre, notamment avec les collections des musées, indique Tish Monaghan. Jasper appartenait à la cavalerie du Texas, ce qui nous a donné des indices. Les cavaliers portaient une écharpe jaune en travers du torse, mais je la préférais rouge… Je trouvais ça plus joli ! J'adorais voir cette bande écarlate voler au vent lorsque le cheval galopait. »

Leah Gibson dans le rôle de Nettie, Catalina Sandino Moreno dans le rôle de Maria et Kirsten Prout dans celui de Lucy.

Esquisses de costumes pour Maria et ses acolytes.

« Jackson Rathbone monte très bien à cheval et nous l'avons tous admiré, galopant dans ses beaux atours, avant qu'il ne se retrouve face à face avec son destin, incarné par de séduisantes créatures. Ensuite, nous sautons dans le temps, quelques décennies plus tard, alors qu'il entraîne d'autres vampires à se battre. J'adore effectuer des recherches et j'ai sauté sur cette occasion pour me plonger dans le monde des années 1850-1860 et réfléchir à l'allure qu'il fallait donner à d'irrésistibles séductrices de cette époque. »

— TISH MONAGHAN

Les vampires nouveau-nés vont constituer l'armée de Maria.

« La première fois que nous rencontrons Jasper, il est sale et épuisé. Nous avons donc peint et sablé son uniforme pour créer les variations et teintes qu'il aurait prises après six mois de voyage sur les pistes poussiéreuses du Texas. Lorsque nous le retrouvons quelques dizaines d'années plus tard, alors qu'il entraîne l'armée de Maria, son uniforme est hors d'usage. Il ne porte plus que le gilet et la chemise, tachés et défraîchis. Nous avons donné sa veste et son écharpe au personnage de Maria, sa "créatrice", qui exerce son contrôle sur lui. C'était mon idée et je pensais que ça fonctionnerait bien. C'est un moyen visuel facile d'indiquer que c'est elle qui dirige les opérations. »

L'armée de nouveau-nés de Maria, issue de populations très diverses, venait appuyer l'idée, déjà évoquée avec Victoria et les vampires nomades de *Twilight*, que les Sang-froids peuvent devenir des charognards récupérant les habits de leurs victimes. « J'ai choisi d'habiller les différents soldats que Jasper va entraîner ou combattre de restes d'uniformes de la guerre de Sécession et de vêtements potentiellement ravis à leurs victimes, à une époque ou une autre de leur existence », ajoute Tish Monaghan.

La scène où l'on voit le cavalier chevaucher dans la poussière et se faire accoster par les belles vampires a en réalité été tournée sur deux sites très éloignés l'un de l'autre. Pour les images d'ouverture, la deuxième équipe a été contrainte de se rendre jusqu'au fin fond de la Colombie britannique pour filmer le plan où l'acteur Jackson Rathbone, dans le rôle de Jasper, se détache sur un horizon infini. « C'était à environ trois ou quatre heures de route de Vancouver, se souvient la responsable du maquillage de la deuxième équipe, Joann Fowler. Nous nous sommes retrouvés dans cette superbe région, au milieu d'armoises et de cactus, par une chaleur de presque 40 °C. On se serait vraiment cru dans le désert ! »

Cette région est connue pour les tournages de westerns ou de scènes se déroulant dans le désert. C'était un choix facile, car l'endroit permettait à la première équipe de tourner les grands angles. Mais il a été décidé que la première équipe resterait dans la région de Vancouver pour filmer la rencontre de Jasper avec Maria et ses acolytes. Il fallait donc trouver un bout de désert texan en pleine ville ! Le chef décorateur Paul Austerberry a trouvé la solution.

« Il y a des années, j'avais fait une pub pour BMW dans laquelle des chariots antiques cahotaient au milieu d'une carrière de l'Ontario, se rappelle Paul Austerberry. Une carrière, on peut parfaitement imaginer que c'est un bout de désert du Texas, alors si j'en avais trouvé une dans l'Ontario, on pouvait sans doute en dénicher une autour de Vancouver. Nous avons donc trouvé notre désert texan, même si notre carrière ressemblait plutôt à une gravière ! En plan large, elle pouvait tout à fait passer pour une zone désertique, avec ses abords sablonneux. Le site était équipé d'un système de pompage, mais la carrière se remplissait d'eau sans arrêt. Ce à quoi je ne m'attendais pas, et qui était fabuleux, c'était cette immense masse aquatique qui jouait avec les reflets du clair de lune et ces superbes falaises.

» Sous l'effet de l'érosion, le paysage avait pris un aspect torturé, "hoodoo", comme l'appelle Bill Bannerman, avec des roches dessinées par le vent et les intempéries. Pour la séquence où le jeune soldat rencontre les femmes vampires, ce décor apporte une certaine authenticité. »

« Cette carrière à la périphérie de Vancouver avait l'aspect rustre et désolé des étendues désertiques ou de la région du Texas Panhandle, dans le nord de l'État, déclare Bill Bannerman. Cette mine ouverte avait été creusée et s'était ensablée. Elle s'était détériorée, battue par les pluies qui lui avaient donné cet aspect tortueux propre aux Rocheuses de l'Ouest et du Canada. Certaines concrétions avaient pris la forme de champignons posés sur de petites pyramides de sable. Ça donnait une touche western. »

C'est avec la scène de la carrière où Jasper rencontre Maria qu'a démarré le premier jour de tournage. Le week-end précédent, l'équipe technique avait voulu installer des Technocranes de 15 mètres pour les caméras, et ils se sont rendu compte qu'elles s'enfonçaient dans le sol. « Ce que nous avions pris pour du sable solide recouvrait en réalité un sous-sol marécageux qui ressemblait à du sable mouvant, se souvient Paul Austerberry. Nous avons dû apporter des tonnes de gravier, juste pour consolider un chemin d'accès à la caméra qui devait filmer le cheval. Ce dernier devait patauger un peu dans l'eau, mais le palefrenier a décrété que l'endroit était trop spongieux. Là aussi, il a fallu remblayer et laisser remonter l'eau juste assez pour cacher le gravier, de façon à assurer une parcours stable au cheval. Je savais qu'il serait nécessaire de rempierrer pour le cheval, mais je ne m'attendais pas à devoir faire de même pour l'équipement technique. Lorsque les machinistes ont apporté cette grosse grue et qu'elle a commencé à sombrer, un léger vent de panique a soufflé sur l'équipe. »

Le site a été prêt à la fin du week-end et le tournage a pu commencer comme prévu dès le lundi. « Notre département des espaces verts a habillé la carrière d'armoises et de bouquets d'herbes sèches, qui évoquent le désert, ajoute Paul Austerberry. Comme nous avons tourné de jour une scène de nuit, nous avons utilisé la technique des westerns spaghettis, en sous-exposant le film pour donner l'impression que l'action se passe après la tombée du jour. Ces scènes tournées à la carrière sont fantastiques. »

La carrière de Vancouver qui a fait office de désert texan.

Interview de Nikki Reed ❧ Rosalie Hale ❧

« Nous avons tous été énormément surpris par le succès du premier film, et c'est fabuleux de vivre cette aventure ensemble. Nous, les acteurs, nous nous sommes super bien entendus dès le départ. C'est vraiment important de tisser un lien de confiance entre les membres d'une même équipe, surtout quand vous partagez la vie les uns des autres pendant si longtemps.

« Lorsque vous jouez un tel rôle de composition, vous n'entrez vraiment dans la peau de votre personnage qu'une fois maquillée et coiffée. Il faut des heures avant que je ressemble à Rosalie, alors en général je fais une sieste dans le fauteuil de maquillage. Je m'endors en Nikki et je me réveille en Rosalie.

« Je suis très maternelle, comme Rosalie. J'ai également un caractère très fort et je n'ai pas peur de dire ce que je pense. Quelquefois, j'aimerais bien être un peu moins impulsive avant de parler, mais au moins les gens savent où ils en sont avec moi.

« J'ai de moins en moins peur de tenter des expériences et j'ai appris comment rester cohérente avec mon personnage, tout en lui permettant d'évoluer avec chaque film… On s'est beaucoup amusés sur le tournage du troisième film, parce qu'on avait plus de choses à faire, et surtout beaucoup d'action !

Rosalie et Emmett.

« J'ai vraiment adoré le fait que le réalisateur soit différent pour chaque tournage. Chacun dans son genre a été extraordinaire, apportant un regard nouveau. J'ai trouvé passionnant de comprendre chaque perspective et de m'adapter pleinement à chaque vision. Ce processus m'a appris énormément de choses sur moi en tant qu'actrice, mais également en tant que personne.

En revanche, j'aurais du mal à décrire ce qu'on ressent quand on se retrouve assis sur une chaise bancale au beau milieu de bois boueux et glacés, sous des trombes d'eau, avec des lentilles de contact qui limitent votre vision, et qu'on essaie de tenir le coup et de faire semblant de chasser un autre vampire. C'était quelquefois très dur. Avoir confiance dans l'équipe est le seul moyen de vous aider à vous en sortir. Ça, et le fait de savoir que les autres acteurs et techniciens pensent et éprouvent exactement la même chose que vous. »

Nikki Reed fait une pause avec Elizabeth Reaser.

« Quand je suis revenu travailler sur le deuxième film après *Twilight*, j'ai eu l'impression de retrouver ma famille. La série nous a tous fait mûrir, et nous avons grandi côte à côte comme de vrais frères et sœurs.

« Pour moi, jouer, c'est "Habille-toi comme tu veux, parle comme tu veux, mais ne mens jamais". Je pense qu'il est important de préparer son personnage lorsqu'on incarne un héros de roman. J'ai lu les livres en parallèle à chaque script pour avoir une idée de l'histoire d'ensemble. J'essaie de m'investir totalement dans tout ce que je fais et de tirer profit de mes expériences passées. J'adore arriver à donner du corps à un personnage. Avec la saga *Twilight*, j'ai appris à faire évoluer Jasper au cours des trois films et j'ai donc plus de facilité à le jouer de façon authentique, ce qui est le but. Lors de la séance coiffure-maquillage-costume, vous vous voyez littéralement devenir l'enveloppe du personnage, et votre attitude physique, comme vos sensations, changent en conséquence. Au moment où vous arrivez sur le plateau, vous vous êtes complètement glissé dans sa peau.

« Je dirais sans le moindre doute que les scènes les plus exaltantes de la série sont les scènes d'action de *Hésitation*. Comme les Cullen doivent se mesurer à une armée de vampires, nous avons tourné plein de scènes de bagarre où nous devions combattre plusieurs ennemis. C'était plutôt chaud, mais ça a aussi été la partie la plus fun. *Hésitation* est un film romantique bourré d'action, mais il a également une tonalité plus sombre, car Bella se heurte à la réalité des loups-garous et de la troupe de vampires, ce qui fait beaucoup pour une jeune lycéenne.

« On m'a souvent demandé si le succès de *Tentation* avait changé ma vie et je peux répondre en toute honnêteté qu'elle est restée la même. Je continue à être comédien, à faire de la musique et à pratiquer toutes formes d'art. Ça, ça ne changera jamais. J'ai juste l'immense chance d'avoir un public beaucoup plus vaste. En tant qu'artiste, je peux dire que c'est un rêve devenu réalité. »

Alice et Jasper échangent un baiser.

Jack Huston dans le rôle de Royce King II et Nikki Reed dans le rôle de Rosalie Hale.

Dans le roman *Hésitation*, Rosalie la glaciale fait un pas en direction de Bella en lui proposant un moment en tête-à-tête. « Aimerais-tu entendre mon histoire, Bella ? Elle ne se termine pas bien, mais n'est-ce pas le cas de tous nos destins, à nous autres vampires ? Pour moi, le seul *happy end* possible serait une rangée de tombes […]. Humaine, je vivais dans un monde différent du tien, Bella. Mon univers était plus simple. L'année 1933, j'avais dix-huit ans et j'étais belle, je menais une existence parfaite[5]. »

Rosalie était fiancée à Royce King et rêvait de fonder une famille. Ses rêves sont partis en fumée une nuit, après qu'elle a été agressée et laissée pour morte sur un trottoir glacé de la ville. Une fois de plus, c'est Carlisle Cullen qui intervient et qui, découvrant une personne jeune en train de perdre la vie, choisit de la sauver en la transformant. Pour Rosalie, cette décision sonne le glas de ses espérances de mortelle et marque le début de regrets éternels.

« L'histoire de Rosalie est triste, observe la scénariste Melissa Rosenberg. Il m'a fallu m'y reprendre à plusieurs fois avant d'arriver à un résultat satisfaisant et je suis sûre que David Slade a dû remettre son ouvrage plusieurs fois sur la table de montage. Le récit s'intègre parfaitement au thème du film, axé sur la notion de choix et des conséquences que chaque choix implique. Bella veut être un vampire et Rosalie est la preuve concrète de ce qu'implique sa décision. Le drame que vit

« BELLA VEUT ÊTRE UN VAMPIRE ET ROSALIE EST LA PREUVE CONCRÈTE DE CE QU'IMPLIQUE SA DÉCISION. »

Des voitures et des costumes d'époque ont été utilisés pour le décor.

Rosalie en tant que vampire est son incapacité à porter des enfants. Jacob représente le choix d'une vie normale, en couple avec des enfants. Bella a encore le choix, alors que Rosalie ne l'a pas eu. »

Pour donner plus de poids au récit de Rosalie, Melissa Rosenberg l'a décalé par rapport à sa place dans le roman. « La séquence de Rosalie est annoncée par la scène précédente, qui est une discussion assez animée entre Edward et Jacob. Juste avant, Bella donne un coup de poing à Jacob parce qu'il lui dit qu'il l'aime et l'embrasse de force. Edward et Jacob représentent les deux choix qui s'offrent à Bella, et la colère de Bella envers Jacob est également motivée par celle qu'elle ressent devant sa propre incapacité à reconnaître la véracité de ses sentiments pour lui. »

Au moment où le tournage a commencé, la production ne savait pas encore où filmer ces scènes, que Melissa Rosenberg avait situées à Rochester, dans l'État de New York. « Vancouver n'est pas la ville idéale au niveau de l'architecture des années 1930, à part quelques éléments très épars, remarque Paul Austerberry. Les flash-backs sont importants car ils sont émouvants et aident à donner de la consistance aux vampires. C'est la première fois que nous les entendons évoquer leur passé. Il était très important de bien marquer cette période et son ambiance. Nous avons arpenté toute la ville pour finalement découvrir que l'endroit parfait se trouvait juste sous notre nez. »

Dans le centre, juste à côté de l'Hôtel Vancouver, se trouve le Musée des beaux-arts, abrité dans un bâtiment du début du XXe siècle. L'équipe de création des costumes et des décors a découvert qu'il lui suffisait de tourner les yeux pour dénicher des éléments des années 1930. « L'entrée de la Art Gallery était ornée de sculptures et de fontaines modernes, raconte Paul Austerberry, mais nous avons utilisé sa partie latérale avec, en vis-à-vis en diagonale, l'Hôtel Vancouver, très bien préservé. Heureusement, les arbres encore couverts de feuilles dissimulaient la plupart des caractéristiques modernes. »

Bill Bannerman et David Slade sont venus en repérage et ont adoré. « Je me suis réuni avec mon équipe, le responsable du repérage, l'assistant réalisateur et les différents chefs de chaque département, et nous avons passé en revue la liste de tout ce qu'il fallait anticiper, explique Bill Bannerman. Nous devions supprimer toute référence visuelle postérieure aux années 1940 et utiliser des voitures d'époque. L'équipe s'est mise au travail. Il a suffi que le département de la création artistique positionne la caméra de façon à ce que les bâtiments modernes ne soient pas dans le champ, après avoir meublé la rue de quelques véhicules des années 1930 pour que l'illusion soit parfaite. »

L'équipe de création des décors a également placé des réverbères anciens que Javier Aguirresarobe a pu utiliser comme éléments d'éclairage. Pour la scène de nuit, tous les néons et les feux de signalisation ont été masqués par un kiosque à journaux de trois mètres de haut.

Pendant ce temps, la créatrice des costumes s'est rendue à Los Angeles pour louer les costumes d'époque destinés à Rosalie et son fiancé, ainsi qu'une garde-robe suffisante pour habiller une cinquantaine de figurants sur le tournage des scènes de jour. « Les tissus utilisés dans ces années-là étaient particulièrement beaux et souples », raconte Tish Monaghan. Pour donner le style 1930 au fiancé de Rosalie, Royce, et à ses amis, on a choisi de les habiller en costumes trois-pièces et de les coiffer de feutres. Lorsque l'acteur Jack Huston est arrivé sur le plateau le matin du tournage de la scène où Royce se promène avec sa fiancée, Gina Sherritt, la responsable coiffure, a eu une belle surprise : il portait des cheveux longs jusqu'aux épaules, ce qui était loin de la coupe nette qu'aurait arborée un jeune homme de la bonne bourgeoisie de cette époque. « C'était la première fois que Tish et moi le rencontrions, et il était censé passer devant la caméra quelques heures plus tard avec un look à la Clark Gable, et pas à la Jésus-Christ! plaisante Gina Sherritt. C'est le genre de situation à laquelle nous sommes souvent confrontés. Il avait les cheveux longs pour un autre rôle et nous ne pouvions pas les lui couper. Comme il porte un chapeau dans cette scène, Stacey, mon assistante, m'a aidée à dissimuler ses cheveux sous le feutre. »

Esquisse de costume pour la tenue de la Rosalie Hale des années 1930.

Pour sa dernière soirée en tant qu'humaine, Rosalie est vêtue d'une jupe et d'un chemisier, d'un manteau croisé beige et d'un béret. « Elle rentre chez elle à pied lorsqu'elle se retrouve face à son fiancé, ivre, en train de chahuter avec trois amis au pied d'un réverbère, explique Tish Monaghan. Elle lui fait une remarque sur son comportement et ils se mettent à la frapper. Ils la laissent pour morte. Carlisle la découvre et la transforme. » Une fois vampire, Rosalie exercera son implacable vengeance, tuant ses meurtriers l'un après l'autre.

« L'histoire de Rosalie est étonnante et nous avons voulu rendre cet effet de surprise en utilisant la photographie, note Javier Aguirresarobe. Nous partons de scènes très éclairées où nous montrons le bonheur naïf de cette fille, puis basculons dans des rues sombres pleines de mauvais présages. En restant dans des tonalités chaudes, nous passons de la lumière à l'obscurité. »

« L'HISTOIRE DE ROSALIE EST ÉTONNANTE ET NOUS AVONS VOULU RENDRE CET EFFET DE SURPRISE EN UTILISANT LA PHOTOGRAPHIE. »

Rosalie (Nikki Reed) face à son destin de mortelle.

« Avec ces histoires du passé qui remontent à la surface, Bella est obligée de réétudier sa décision de devenir un vampire. C'est la soif inextinguible de sang du nouveau-né et le tempérament guerrier de Jasper qui lui font prendre conscience qu'elle deviendra peut-être violente et dangereuse et ne pourra pas se contenter de se pavaner au bras d'Edward. Rosalie, elle, n'a pas eu le choix et ne peut plus avoir d'enfants. Bella n'y avait pas pensé ! Chacun de ces récits a valeur d'exemple et sert de contrepoint au désir de Bella de se transformer. »

— WYCK GODFREY

Des nouveau-nés menaçants

Xavier Samuel dans le rôle de Riley Biers.

Alors que les deux premiers films étaient articulés autour de l'histoire d'amour de Bella et Edward, le troisième épisode est plus sombre. « Plus Bella se rapproche de l'échéance de sa transformation, plus le danger est présent, avec toutes ces forces qui convergent vers Forks, observe Wyck Godfrey. Entre l'armée de Victoria qui gagne du terrain et les Volturi qui annoncent leur venue, le sentiment de danger n'a jamais été aussi fort, alors même que Bella et Edward choisissent de se marier. »

Organiser la bataille contre Victoria et les nouveau-nés n'a pas été une mince affaire, car il y avait des contraintes à plusieurs niveaux : d'une part le combat qui oppose les Cullen et les loups aux nouveau-nés, et d'autre part la lutte finale entre Victoria, Riley et Edward. « Avant tout, il faut répartir les rôles entre acteurs et cascadeurs : que peuvent faire les acteurs ? Jusqu'où peuvent-il pousser leurs limites physiques avant de passer le relais à un cascadeur ? s'interroge le producteur associé Bill Bannerman. Nous avons donc mis en place un programme d'entraînement. Nous avons ainsi fait venir les acteurs de la famille Cullen à Vancouver avant le tournage, pour qu'ils commencent tout de suite l'entraînement, les cours de chorégraphie de combat et l'apprentissage des mouvements de base pour un combat de cinéma. Nous avons planifié la séquence de la bataille pour la fin du tournage, ce qui leur a permis de profiter de leurs moments libres pour s'exercer avec notre coordinateur de cascades et notre chorégraphe. Le moment venu, les acteurs étaient ainsi fin prêts et susceptibles de se soumettre à toutes les modifications que pouvaient nécessiter les lumières et les caméras. »

Le réalisateur de la deuxième équipe Eric J. Foerster met au point une scène entre Nikki Reed et Jackson Rathbone.

« Se battre pour de vrai transmet tension et énergie mais, à l'écran, il est important que le spectateur puisse suivre les mouvements. C'est une autre forme de langage gestuel. Le style de combat d'un film est déterminé par les personnages et les acteurs. Pour les vampires d'*Hésitation*, la caractéristique est la vitesse, donc quand ils combattent, ils contournent leur adversaire à toute vitesse et s'engouffrent dans la moindre ouverture pour l'anéantir. Si le cou ou un membre est exposé, ils essaient de l'arracher. Nous avons conservé le style de combat de base de *Tentation*, donc vous ne verrez pas les coups de pied ni les coups de poing. David Slade voulait de gros impacts et de grands coups ; il fallait que ce soit efficace et que ça fasse mal. »

— JONATHAN EUSEBIO

Peter Facinelli et Robert Pattinson font semblant de se battre.

L'équipe de production a fait appel à l'entraîneur de combat Jonathan Eusebio, qui avait travaillé peu de temps auparavant sur *Iron Man 2*. « Dans le monde de Jonathan, si vous n'êtes pas le roi de l'organisation et de l'anticipation, vous êtes fichu, ajoute Bill Bannerman. Il obtient 100 % de réussite dans tout ce qu'il fait, car son niveau de préparation et de répétition est tel, que, le jour voulu, les combats se déroulent sans anicroche. Le credo de Jonathan, c'est répéter et répéter jusqu'à ce que les acteurs puissent reproduire les mouvements en dormant ! »

Jonathan Eusebio est spécialisé en chorégraphie et entraînement de combat pour le cinéma. Il était champion de kickboxing au début des années 1990 et ses trois entraîneurs sont devenus des cascadeurs : Chad Stahelski a doublé Keanu Reeves dans la série des *Matrix*, et David Leitch et Damon Caro ont doublé Brad Pitt et Edward Norton, pour *Fight Club*. Il a suivi leurs traces dans le métier. Une de ses premières missions a été d'entraîner l'acteur Matt Damon pour son rôle de Jason Bourne dans la trilogie *La Mémoire dans la peau*.

Jonathan Eusebio, Jon Valera et Jackson Spidell sont venus à Vancouver pour concevoir la chorégraphie du combat et rendre les acteurs opérationnels dans un délai extrêmement serré. « Il est aussi important d'être en bonne forme physique que d'être prêt au combat, remarque Jonathan Eusebio. Mais on doit faire attention au rôle. On ne doit pas laisser de côté les différentes nuances et attitudes corporelles propres au personnage. »

Au départ, les capacités physiques de chaque acteur sont évaluées : est-il souple ? Comment se débrouille-t-il avec les mouvements de base : positions, coups de poing et coups de pied ? À quelle vitesse mémorise-t-il de courtes chorégraphies ? Même si Jonathan Eusebio explique que les programmes de mise en forme et de combat se déroulaient généralement sur une seule journée, ils étaient répartis sur différents jours de la semaine. « Nous avons défini une trame de combat qui nous a servi de base d'exercice, indique Jonathan Eusebio. Plus vous vous entraînez longtemps, mieux c'est pour votre corps, qui mémorise les mouvements. Il faut qu'un geste soit répété au moins mille fois pour qu'il devienne naturel. »

L'entraînement prenait également en compte le fait que les vampires peuvent sauter très haut dans les airs. C'est là qu'intervenait le travail avec les câbles du coordinateur des cascades John Stoneham, car un vampire peut s'élever jusqu'à six mètres au-dessus du sol.

Interview de Peter Facinelli ~ Dr Carlisle Cullen

« J'ai lu *Twilight* la veille de mon entretien avec la réalisatrice Catherine Hardwicke et je suis tombé amoureux du rôle. Je comprends la notion de patriarche d'une famille, étant moi-même père. J'aime aussi à penser que je partage les qualités de compassion et d'amour de l'humanité de Carlisle.

« Le fait d'avoir plusieurs réalisateurs permet d'éviter la routine. Chacun apporte sa propre vision du film et des personnages, et nous pousse à explorer de nouvelles possibilités. La scène la plus extraordinaire pour moi, et la plus sympa aussi, a été celle de la bataille dans *Hésitation*. Nous nous sommes entraînés pendant six semaines et lorsque nous sommes finalement passés à l'action, c'était un moment inoubliable.

« Pour moi, jouer est un art, mais c'est difficile à expliquer. Si j'essayais de décortiquer tout ça, je dirais que c'est comme si vous aviez un faisceau de circonstances données à prendre en compte et à intégrer en vous, tout en réagissant de façon authentique par rapport au personnage que vous incarnez.

« Quelquefois, les gens me demandent de dire une de mes répliques, mais je refuse. Sans le costume, la coiffure et le maquillage, ça ne fonctionne pas. Pour que je me métamorphose, il faut que je me change, me coiffe, mette mes lentilles de contact et me maquille ; c'est un rituel qui m'aide à entrer dans la peau du personnage. Quand je me regarde dans un miroir et que je vois Carlisle, je me retrouve dans ce monde de *Twilight*. »

« Je n'avais pas lu les livres avant de savoir que j'avais le rôle. Mais dès que je l'ai eu, j'ai acheté les romans et je suis restée enfermée une semaine.

« En général, quand un film est terminé, vous dites adieu à votre personnage. Mais quand vous jouez dans une série comme *Twilight*, ce qui est super, c'est que vous ne le quittez pas. Je trouve ça passionnant, parce que j'aime beaucoup le rôle d'Esmé. En outre, travailler avec un réalisateur différent pour chaque film et découvrir les méthodes de chacun a été une aventure extraordinaire. Tous m'ont conduit à réfléchir à Esmé différemment.

« J'ai le sentiment que notre groupe d'acteurs est devenu une espèce de famille. Nous avons fait trois films ensemble, nous nous sommes planqués, nous avons travaillé en extérieur pendant des mois. Et en fait, je trouve que Peter (Facinelli) a une vraie fonction de chef de famille. Ça lui va vraiment bien.

« La coiffure et le maquillage sont des processus extrêmement importants pour jouer un Cullen. Ça conditionne votre façon de vous déplacer et de ressentir les choses. Mais c'est également inhibant, car vous devez faire attention tout le temps de ne rien abîmer ! Tourner sous la pluie glacée avec le maquillage et la coiffure d'un vampire a représenté un défi dès le début. Mais nous tournons dans des endroits magiques qui évoquent vraiment ce qui est décrit dans les romans.

« C'est étonnant, mais ce qui m'a le plus plu, ce sont les scènes d'action dans *Hésitation*. J'ai eu vraiment peur, physiquement. Je n'avais jamais rien fait de tel. »

Alice (Ashley Greene) donne une leçon à un nouveau-né.

« Comme les acteurs étaient sanglés dans un harnais et luttaient contre la gravité lorsqu'ils étaient suspendus en l'air, ils ont dû s'entraîner pendant des heures pour que leurs sauts semblent naturels et faciles. Comme un gymnase simple ne suffisait pas, l'équipe de production a dégoté à Vancouver un studio d'enregistrement doté d'un plafond grillagé permettant la mise en place d'un système de câblage.

« La bataille principale est un véritable carnage, explique le coordinateur des combats Jonathan Eusebio. Du côté Cullen, tout reste sous contrôle, mais du côté des nouveau-nés, tout se passe en mode sauvage et frénétique. Nous avons imaginé les nouveau-nés presque comme des fourmis soldats. Ils grouillent partout et n'ont aucune coordination.

« La bataille principale est un véritable carnage. »

Si l'un d'entre eux attaque un Cullen, l'autre l'enjambera sans se poser de questions. On dirait des animaux sauvages. »

L'équipe de Jonathan Eusebio a respecté la personnalité de chaque personnage pour élaborer son style de combat. Rosalie privilégie « les coups bas », constate Jonathan Eusebio. Emmett est le plus physique, notamment au niveau de sa puissance de lancer ; Alice la télépathe est vive et rapide ; Edward a la force et la vitesse supersonique des vampires.

Au niveau de la chorégraphie de combat, il fallait prendre en compte les spécificités des cinq Cullen plus celles d'une vingtaine de cascadeurs, les installations réalisées par les effets spéciaux et le coordinateur des cascades, et les loups numérisés qui seraient ajoutés en postproduction. « Rien n'allait de soi », commente le coordinateur des combats. Aujourd'hui, c'est souvent l'animation numérique qui gère ce type de scènes compliquées, avec des environnements et des personnages numérisés, mais le calendrier serré a poussé David Slade à se reposer sur les story-boards pour concevoir l'action.

« Travailler en plein air, au pied des montagnes, changeait tout, indique Bill Bannerman. Les câbles, les poulies et les descendeurs programmés fonctionnent au doigt et à l'œil dans un environnement où l'air est contrôlé et l'hydrométrie proche de zéro. Mais sur les contreforts du North Vancouver, il est indispensable de s'adapter aux conditions météorologiques pour obtenir une certaine efficacité. Vous ne devez pas perdre de vue votre orientation, car tout est très lié à l'extérieur. »

Le site choisi pour le champ de bataille était un lieu neuf, révèle Bill Bannerman, dans la lignée de certains des endroits de la saga *Twilight* qui sont devenus incontournables. « Il y avait notre belle prairie fleurie et, un peu plus loin, la clairière qui pourrait accueillir le combat final. C'était un très bel endroit avec des montagnes en arrière-plan, qui servait en fait de champ de tir. Nous avons retiré les cibles et installé tout notre attirail. Nous avons positionné des tapis rembourrés au sol et précâblé un système de machinerie pour l'éclairage. Le tournage était si délicat qu'il a duré quatre semaines en tout. »

« La bataille a été montée étape par étape, explique John Stoneham. Il a plu, et puis il a fait beau, alors que le soleil n'est pas de mise en présence de vampires. Les machinistes du directeur de la photo ont donc préparé une grande bâche, d'environ 6 mètres sur 20, qu'ils pouvaient déplacer à leur guise pour bloquer le soleil. Nos câblages étaient montés de 6 à 12 mètres du sol, et la bâche était positionnée au-dessus, entre 15 et 20 mètres du sol. »

« À Vancouver, il est impossible d'avoir le même temps quatre semaines de suite, ajoute Bill Bannerman, nous avons donc préparé une structure sur laquelle nous pouvions suspendre des voilages en soie, comme sur une tente de cirque, pour contrôler la luminosité pour Javier. Nous voulions lui faciliter la vie le plus possible. »

« EN FAIT DE BATAILLE, C'EST UN COMBAT CONTRE LES ÉLÉMENTS QUI A ÉTÉ MENÉ. »

En fait de bataille, c'est un combat contre les éléments qui a été mené, avec Jonathan Eusebio et son équipe dans le rôle de coaches motivant du mieux qu'ils pouvaient des acteurs qui devaient jouer dans des conditions climatiques difficiles, perturbés par la pluie et les températures glaciales. « Comme les vampires ne ressentent pas la chaleur ou le froid, ils devaient rester stoïques alors qu'ils étaient frigorifiés », explique Jonathan Eusebio.

Dans les plans finaux, on voit les loups numérisés qui regardent les vampires s'entraîner aux techniques de combat. Sur le plateau, des maquettes ont pris leur place.

« Les scènes d'entraînement et la bataille finale n'ont pas lieu dans la même forêt. Le seul point commun est l'ambiance lourde, chargée d'anxiété et de peur. Il n'y a pas de soleil et la lumière a disparu. Une menace semble planer. Dans les séquences de la bataille, les effets visuels servent à montrer les capacités des loups-garous et des Cullen lorsqu'ils s'unissent pour lutter contre les envahisseurs assoiffés de sang. *Hésitation* est le premier film de la série où les scènes d'action témoignent d'autant de puissance. »

— JAVIER AGUIRRESAROBE

« Ce que j'aime bien dans *Hésitation*, c'est qu'on s'allie avec les loups. Personnellement, je les aime bien. Ils sentent mauvais pour les vampires, il y a l'histoire du traité, nous ne les aimons pas. Mais Esmé ne les déteste pas. C'est amusant que nous fassions alliance, que nous nous donnions mutuellement des conseils, que nous établissions le contact. »

— ELIZABETH REASER

Ashley Greene (Alice Cullen), Nikki Reed (Rosalie Hale), Elizabeth Reaser (Esmé Cullen), Jackson Rathbone (Jasper Hale) et Peter Facinelli (Carlisle Cullen).

« Lorsque nous découvrons Riley à la tête de ses troupes, on dirait un général au look branché, avec une veste trois-quarts, une chemise et un slim bordeaux. Pour la bataille elle-même, les Cullen sont habillés de couleurs sombres ou en noir. Je les ai imaginés se déplacer en groupe comme une machine furtive. Je souhaitais que le public discerne bien qui est qui, malgré le nombre important de cascades et la brume qui noie tout. Dans certaines scènes, les vampires courent dans la forêt et je voulais qu'on voie leurs silhouettes se découper de façon esthétique contre les arbres. Il y a donc une progression dans la gamme de couleur des habits, du plus clair au plus foncé, entre la poursuite initiale de Victoria, l'entraînement et la bataille finale. »

— TISH MONAGHAN

« J'attendais *Hésitation* avec impatience, car mon personnage a pris de l'ampleur, et il y a beaucoup de scènes de bagarre et de cascades, ce que j'adore. Nous avons eu une super équipe spéciale pour les cascades qui nous a appris tout un tas de techniques de combat. J'ai pratiqué la boxe pendant des années, j'ai aussi fait du ju-jitsu, donc c'était cool de pouvoir combattre contre certains cascadeurs qui ont déjà des films impressionnants à leur actif. Vous savez, Emmett, il adore se battre. C'est un vrai bulldozer : il fonce sans se poser de questions. »

— KELLAN LUTZ

Comme les nouveau-nés devaient se battre contre des loups numérisés et avoir des tas d'interactions avec eux, il n'était pas possible de laisser les cascadeurs se bagarrer contre du vent. Le département des effets spéciaux d'Alex Burdett a fabriqué des sacs de 2 à 2,50 mètres en suivant les spécifications de Tippett Studio. Chacun a été appelé une « patate » et devait faire office de loup pendant les cascades. (Image Engine avait utilisé un objet similaire pour les anciens loups des légendes quileutes.) Quatre patates constituées de mousse et couvertes de repères ont permis à Tippett Studio de remplacer l'objet factice par l'animation du loup. En dépit de sa taille, chaque patate ne pesait pas plus d'une dizaine de kilos, ce qui facilitait sa manipulation et son câblage.

« La séquence de la bataille était très bien découpée et Phil [Tippett] et moi-même avons eu des discussions passionnantes avec le coordinateur des cascades sur les équipements à prévoir pour les patates, explique le responsable des effets visuels, Eric Leven. Quelquefois, il suffisait de demander à deux cascadeurs de se tenir en retrait de la caméra et de lancer très fort une patate sur un autre cascadeur pour que ce dernier l'attrape et tombe au sol comme s'il avait

Une « patate » remplaçait les loups numérisés pendant le tournage des cascades.

« Je me suis améliorée dans l'écriture des scènes d'action. Vous devez imaginer le ballet des mouvements et trouver un moyen de le retranscrire sur la page. Mon plaisir, c'est de raconter une histoire. Par exemple, au premier acte, c'est Paul et Emmett qui sont chargés de pourchasser Victoria. Mais comme ils se sont déjà agressés l'un l'autre, l'animosité ambiante constitue un élément de la narration. Ensuite, dans la séquence de la bataille finale, j'ai écrit que Paul et Emmett s'épaulent pour montrer qu'ils font désormais équipe. Cette petite histoire de Paul et Emmett et de leur rapprochement met un point final à cette invention narrative. »

— MELISSA ROSENBERG

été plaqué par un loup-garou. Parfois, la patate se trouvait suspendue à une structure à 1,50 mètres de haut, ce qui correspond à la taille d'un loup, pour qu'un acteur puisse sauter dessus.

« Remplacer les patates par les loups-garous numérisés a nécessité un gros supplément de travail à l'ordinateur, poursuit Eric Leven. Notre sac était en gros un tube statique. Il n'avait pas la réalité d'un loup-garou de 500 kilos qui bouge dans tous les sens. Lorsque nous avons commencé à intégrer nos loups de synthèse, nous nous sommes rendu compte qu'ils ne masquaient pas toujours entièrement le sac. Nous avons dû quelquefois rajouter des mains et des bras de nouveau-nés numérisés. De même, lorsqu'un nouveau-né s'accrochait à un loup, nous devions à nouveau le réintégrer de façon numérique. Il fallait trouver le juste équilibre entre conserver autant que possible à l'image les acteurs réels et récupérer l'animation voulue pour les loups-garous. »

« LORSQU'UN HUMAIN EST TRANSFORMÉ EN VAMPIRE, […] IL EST CAPABLE DE CASSER UN ARBRE EN DEUX OU DE FRACASSER N'IMPORTE QUOI. »

Dans *Hésitation*, nous apprenons ce qui se passe réellement lorsqu'un vampire meurt. C'est Shawn Walsh, producteur délégué aux effets visuels chez Image Engine qui a été chargé de créer cet effet. « Nous avons conçu un processus de *pulvérisation*, qui donne l'impression que les vampires sont tués en étant démembrés, puis brûlés. »

Dans *Tentation*, lors du combat chez les Volturi, on avait déjà eu un aperçu de cela lorsqu'Edward est projeté sur le sol de marbre, que son visage se craquèle, puis se répare immédiatement. Pour réaliser cet effet et pour suivre les consignes de réalisme de la production, Image Engine a réfléchi à la physiologie d'un vampire. « Nous avons imaginé que lorsqu'un humain est transformé en vampire, il devient cette magnifique créature pâle, mais il est désormais capable de casser un arbre en deux ou de fracasser n'importe quoi, explique Jon Cowley, le responsable des effets visuels pour Image Engine.

« Nous avons suivi l'idée selon laquelle, à la transformation d'un humain en vampire, toute son anatomie (os, graisse, muscles, peau) subit une métamorphose chimique. Ses os se renforcent et se solidifient et ses muscles changent. Les propriétés physiques se rapprochent de celles du cristal et du diamant. Pour être sûrs du concept, nous avons exploré toutes les phases du processus, pour ne rien négliger. »

— JON COWLEY

Les Volturi arrivent alors que la bataille se termine.

« Comme leur peau étincelle au soleil telle des milliers de diamants, nous sommes partis de l'idée qu'ils possédaient la dureté du diamant. Dans la grande bataille, si un vampire est frappé à la tête, tout son corps se craquèle. Nous devions donc montrer ce qui se passe à l'intérieur du corps, comment ses organes se désintègrent. »

« De quoi sont faits les vampires ? Il fallait que la réponse soit explicite, étant donné tout le carnage auquel le public allait être confronté, explique Jeremy Ball, coordinateur des effets visuels. La plupart du temps, on a ajouté des images de synthèse sur des cascades filmées pour appliquer cet effet de pulvérisation aux vampires. »

L'équipe des effets visuels a montré au réalisateur des objets de cristal en guise de caution scientifique. « Nous voulions souligner que ce n'est pas magique, qu'il y a une explication rationnelle à tous ces phénomènes et que l'anatomie des vampires répond à des propriétés particulières, ajoute Jon Cowley. Lorsqu'un humain est transformé en vampire, ses fibres musculaires se transforment aussi et prennent la consistance de facettes de cristal, sa peau devient une croûte dure, mais il peut toujours se déplacer, un peu comme dans l'armure qu'un chevalier médiéval porterait. Nous nous sommes beaucoup inspirés de ces propriétés concrètes, pensant que cela nous aiderait à créer un effet qui soit photoréaliste et auquel les spectateurs pourraient croire. »

« DANS LA GRANDE BATAILLE, SI UN VAMPIRE EST FRAPPÉ À LA TÊTE, IL SE CRAQUÈLE. »

Edward regarde ses ennemis brûler.

Décor du mont Seymour pour le camping.

Alors que la grande bataille fait rage, la confrontation finale a lieu sur un pic montagneux éloigné. Pour tromper les nouveau-nés, Jacob a fabriqué une fausse piste et emmené Bella sur le sommet isolé où elle doit retrouver Edward pour passer la nuit précédant l'arrivée de Victoria et de son armée. La nuit est glaciale, et au matin ils découvrent que la tempête a laissé une fine couche de neige. En dépit des précautions prises, Victoria et Riley les retrouvent. « Dans le livre, le combat va relativement vite, observe le réalisateur. Dans le film, l'accent est mis sur l'alliance entre les vampires et les loups, mais on attend aussi le duel sur la montagne, lorsqu'Edward et Victoria engagent une lutte sans merci. »

Pour l'affrontement sur la montagne, l'équipe de production a divisé la séquence en deux parties. L'arrivée au sommet a été tournée en extérieur, sur le mont Seymour, dans le district du North Vancouver. Mais il n'y avait pas de neige, et pour des raisons écologiques, il n'était pas possible d'utiliser de la neige factice. Il était donc nécessaire de recréer la montagne en studio.

« Ce sommet était comme un puzzle avec des tas de pièces différentes à retrouver, illustre Bill Bannerman. Nous avons tourné la première partie de la séquence dans un parc adjacent à une piste de ski, avec des panoramas superbes. Mais à une altitude de 1 800 à 2 000 mètres, le temps est imprévisible et peut changer d'une minute à l'autre. Nous avons donc dû mettre le turbo. Pour cela, nous avons réduit nos besoins au strict minimum de façon à limiter le tournage à une journée. Nous sommes montés très tôt le matin et avons filmé *non stop*. Nous avons eu de la chance, la météo était avec nous et nous avons pu rentrer au crépuscule. Nous avons réalisé toutes les prises de vue avant l'épisode de la tempête, donc tout le reste, à partir du moment où Bella émerge de la tente le matin, a été filmé en studio. »

Pour réaliser le décor, le département de création de Paul Austerberry avait commencé par une étude approfondie du site, en prenant de très nombreuses photos. Les éléments de l'histoire eux-mêmes ont facilité les choses. « Le fait que les personnages ne restent pas plantés à côté de la tente, mais s'en éloignent et qu'un laps de temps se soit écoulé entre les deux séquences nous a permis d'être plus vagues, explique Paul Austerberry. Quand ils arrivent sur la montagne, vous ne les voyez pas vraiment rentrer sous la tente. Au moment où ils ouvrent la tente, la tempête a laissé une couche de neige, donc les choses ont déjà changé comme par magie. Nous n'étions pas bloqués à 100 % dans les hauteurs. Nous avons reconstitué le sommet avec une falaise qui n'existait pas et des arbres ressemblant à ceux de la montagne. »

L'équipe de la construction s'est inspirée d'images en 3D prises par l'équipe de la création et d'une prévisualisation numérique du sommet de la montagne pour fabriquer une structure en bois correspondant au contour du site en 3D.

Taylor Lautner en extérieur (ci-dessus) et en studio (à droite).

« C'était incroyable d'aller sur le mont Seymour et de contempler un paysage sauvage aussi magnifique à quelques pas de Vancouver. Il y avait une station de ski et nous sommes montés au-delà du télésiège. Nous avions tous les panoramas qu'il nous fallait lorsque les personnages arrivent pour dresser le camp, mais il nous fallait aussi de la neige, et nous ne pouvions pas en créer dans le parc naturel. De toute façon, même quand on tourne dans de la neige réelle, on doit utiliser des canons à neige pour pulvériser des couches de neige fraîche et effacer toutes les traces de pas. Nous avons donc recréé la nature en studio et utilisé des produits à base de papier dans cet environnement contrôlé. »

— PAUL P. AUSTERBERRY

« Nous avons réalisé des rochers en mousse et créé un habillage que nous avons cloué sur cette structure de base, raconte Paul Austerberry. Nous avons tout assemblé en cachant les coutures pour donner une apparence uniforme. Ensuite, nous avons peint des rochers nus. Une partie du décor était constituée de mousse toute simple : si vous marchiez dessus, votre pied passait au travers. Nous avions renforcé les endroits de passage par du contreplaqué fixé sur la structure en bois. L'équipe des espaces verts a intégré de vrais rochers, de la terre, des buissons et des arbres, qui ont été installés à l'aide de grues et que les machinistes ont accrochés au plafond du studio. »

Le plateau était entouré d'écrans verts, pour permettre à l'équipe des effets visuels d'ajouter des images en arrière-plan. Le chef décorateur avait également bien précisé que les arbres devaient être conformes à la réalité. « Les arbres qui poussent au niveau de la mer ne ressemblent pas à ceux qui survivent en altitude dans des conditions climatiques difficiles, justifie Paul Austerberry. Notre incroyable équipe de paysagistes s'est rendue dans une exploitation forestière à trois heures de route parce que j'avais insisté pour avoir les arbres tordus que nous voyons au début de la séquence dans la vraie montagne. »

Alex Burdett et son équipe ont saupoudré le décor de neige, composée de minuscules bouts de papier qui, humidifiés, collaient aux arbres et aux rochers. « Ça fait quinze ans que j'utilise cette technique, explique Alex Burdett. Nous recevons des sacs de produit que nous mélangeons avec un peu d'eau et vaporisons à l'aide d'un tuyau. C'est tout un art ! Nous avons demandé au chef décorateur et au réalisateur quel aspect de neige ils recherchaient, depuis la poudreuse jusqu'au verglas. Ils ont répondu qu'il leur fallait un tapis uniforme,

« Pour mettre en place un décor, plusieurs étapes sont nécessaires : discuter… puis étudier les plans et les maquettes du département de la création artistique, et visiter le chantier au moins deux fois par semaine pendant la construction. Nous sommes impliqués dans toutes les discussions ou questions relatives au décor. Nous en connaissons intuitivement le moindre recoin. »

— ALEX BURDETT

comme si la neige était tombée dans une seule direction. Pour obtenir l'effet de neige fraîche, nous avons saupoudré notre préparation depuis des monte-charges, pour qu'elle se répartisse de façon régulière sur le décor. »

L'équipe des effets spéciaux a aussi érigé un arbre en aluminium de 12 mètres avec un tronc en mousse, que l'acteur Robert Pattinson pouvait faire basculer pendant le combat. « L'arbre était placé sur une charnière avec une fixation de sécurité, explique Alex Burdett, et lorsqu'une réplique donnée était prononcée, nous libérions la sécurité, et du haut, nous tirions avec une clé à cliquet pneumatique, qui donnait l'élan pour faire basculer le tronc sur son pivot. Plus nous tirions vite, plus l'arbre tombait vite. »

Le palais des Volturi avait été sans conteste LE grand décor de *Tentation*, utilisant le classicisme du faux marbre pour souligner la grandeur et la puissance du clan royal. Mais pour Bill Bannerman, ce décor de montagne était sans conteste du même acabit. « Pour reconstituer ce sommet, non seulement nous avons dû faire attention à ce que le site en studio respecte le site naturel, mais nous avons dû gérer tous les impératifs liés au duel (équipement des arbres pour qu'ils se fracassent, câblage pour les sauts des vampires), les éléments numérisés qui allaient être intégrés ultérieurement, l'effet de

Au cours du duel, Edward (Robert Pattinson) pousse un arbre en aluminium de 12 mètres de haut, qui entraîne Victoria (Bryce Dallas Howard) dans sa chute.

neige et les effets mécaniques, le contrôle du fond vert et les besoins d'éclairage. L'investissement a été énorme au niveau de la construction, la coordination et l'attention aux détails. Le plateau s'étendait sur près de 2 000 mètres carrés, dont 1 500 mètres carrés consacrés au décor.

« Le point délicat était le nombre de zones, par exemple les angles verticaux des faces des rochers, qu'il n'était pas possible de toucher ou d'arpenter. Le décor en lui-même était plutôt plat, avec quelques accidents de terrain et une petite cuvette, où était plantée la tente. Le reste était constitué de parois rocheuses qui se dressaient contre le fond vert. Autour du décor, nous avions tiré un ruban à environ 4,50 mètres de haut pour éviter toute intrusion intempestive et préserver cette notion de nature vierge et enneigée. »

Image Engine a pris en charge le travail sur fond vert et retravaillé numériquement le métrage filmé en extérieur, en particulier la scène d'intimité entre Jacob et Bella lorsqu'ils sont perchés sur une arête rocheuse, avant que la nuit et la neige tombent. « Le défi que nous devions relever, c'était de nous assurer de bien faire coïncider les images prises en plein air avec celles prises en studio, explique le responsable des séquences Robin Hackl. Le jour du tournage sur le mont Seymour, il faisait un temps splendide avec un grand soleil alors qu'en studio, le ciel était plus mitigé. Nous avons donc dû atténuer un peu la luminosité du film pris en extérieur. Nous avons remplacé le fond vert par des extensions de décor, des vues du ciel et des peintures numériques sur calque (*matte paintings*) montrant les montagnes au loin. »

« En tant que combattante, Victoria a presque les mêmes qualités qu'Edward. Elle est hyper rapide. Dotée d'un esprit très calculateur, elle a soigneusement préparé sa vengeance, mais quand elle se trouve face au meurtrier de son amant, elle devient encore plus féroce. Elle perd complètement les pédales. »

— JONATHAN EUSEBIO

Au moment où Victoria semble avoir pris le dessus, une personne inattendue vient à la rescousse : Bella elle-même. Dans le roman, le scénario est le même. Pour venir au secours du vampire qu'elle aime, Bella récupère une pierre pointue dans l'intention de se faire saigner pour attirer l'attention de Victoria, mais elle n'accomplit finalement pas son geste. Melissa Rosenberg a décidé de la faire aller un peu plus loin.

« Dans la légende quileute sur la troisième femme, cette dernière se poignarde le cœur pour empêcher la vampire de tuer le chef des loups, explique la scénariste. Je me suis dit que comme Bella avait assimilé cette histoire, elle s'ouvrirait le bras pour que l'odeur de son sang trouble suffisamment Victoria et Riley et permette à Edward de prendre l'avantage… Je voulais que Bella fasse preuve de force, ce qui est difficile lorsque vous êtes une humaine qui affronte des créatures mythiques ! »

« JE VOULAIS QUE BELLA FASSE PREUVE DE FORCE. »

Jodelle Ferland dans le rôle de Bree Tanner.

La jeune actrice Jodelle Ferland a accepté le rôle de Bree Tanner sans savoir qu'elle deviendrait un personnage clé. En effet, l'annonce tardive de la publication d'une novella inattendue de Stephenie Meyer, *L'appel du sang, la seconde vie de Bree Tanner*, juste avant la sortie du film, a mis son personnage de vampire nouveau-né en lumière.

Le réalisateur et la scénariste ont fait partie des rares personnes à avoir la chance de jeter un œil au texte, dont ils se sont inspirés pour créer les nouveau-nés à l'écran. Melissa Rosenberg indique que, dans le roman *Hésitation*, l'armée de jeunes vampires débarque sans que les lecteurs n'en connaissent l'origine. « Dans le film, nous voyons Victoria monter ses troupes, constate Melissa Rosenberg. Les nouveau-nés ne savent pas qui les a créés ni pourquoi ils sont rassemblés jusqu'à la dernière minute, car Victoria veut garder cet élément de surprise pour empêcher Alice de "voir" quelque chose. Et bien sûr, les Cullen ignorent qui est Riley. Dans la novella, Bree observe Riley de loin, pour comprendre ce qui se passe. »

« Ces vampires novices ne sont ni des zombies ni des monstres, explique le réalisateur David Slade. Leur caractéristique première, c'est de perdre tout contrôle lorsqu'ils sentent l'odeur du sang.

« Bree était le personnage qui illustrait le mieux ce phénomène : quand elle détecte le sang, sa gorge la brûle et elle devient ingérable, poursuit-il. Les nouveau-nés n'ont aucune inhibition et ils sont totalement paranoïaques. Si vous vous retrouvez au milieu d'eux, vous n'êtes pas en sécurité. Vous n'êtes même pas en sécurité au sein d'un clan, où les membres risquent à tout moment de se massacrer les uns les autres. »

Bien sûr, Bree ne survit à la bataille que pour succomber aux mains des Volturi, ce qui renforce le contraste entre la conception du monde selon le clan Cullen et selon le clan royal italien, qui clôt le conflit dans les romans.

Le retour des Volturi

Les Volturi arrivent après la bataille et ne témoignent d'aucune pitié envers Bree, la nouveau-née épargnée par les Cullen. « Les Volturi font office de police des vampires, observe David Slade. Ils sont invincibles, irrésistibles et ils effraient Bella. À la fin de *Hésitation*, lorsqu'ils débarquent, la présence de Bree est là pour montrer que tout ne se termine pas bien pour tout le monde. Jasper avait expliqué comment, au moment des guerres entre vampires dans les années 1800, les Volturi étaient venus remettre de l'ordre. Ils déstabilisent l'harmonie que cherchent à atteindre les Cullen.

« Les Cullen essaient de ne pas perdre leur humanité, mais l'humanité est un concept qui échappe aux Volturi. Se battre pour garder son âme ou lutter contre le mal ne les intéresse pas. Les Volturi rappellent que personne d'autre n'est vraiment aux commandes de son destin dans ce monde-là. »

« L'arrivée des Volturi sur le champ de bataille est une merveille d'imagination, déclare Javier Aguirresarobe. Leurs corps glissent dans la forêt en silence, presque comme s'ils volaient au ras du sol. L'atmosphère est grise et pesante. Tout le monde redoute la présence des Volturi. Les capes noires font ressortir les silhouettes de ces créatures impitoyables dans la brume d'une soirée glaciale. C'est une image monochromatique, austère et tranchante, qui véhicule de la peur. »

L'équipe du coordinateur des cascades John Stoneham Jr a réussi à faire « flotter » les quatre Volturi (Jane, Felix, Demetri et Alec) au-dessus du sol. « Nous avons construit une structure qui supporte un filin suspendu en l'air sur toute sa longueur, rapporte-t-il. Les acteurs portaient des harnais avec des points d'ancrage aux hanches, à environ un mètre du sol, et nous avons utilisé des poulies programmables. »

La créatrice de costumes Tish Monaghan a revisité le look des Volturi pour les rendre encore plus fantastiques. « Je voulais qu'ils donnent la même impression que dans *Tentation*, avec juste une légère variante pour créer un impact visuel fort lorsqu'ils émergent de la forêt en flottant, dans la fraîcheur de la brume. David Slade désirait également beaucoup de mouvements de tissu, donc les costumes ont été *étoffés*. Je leur ai donné un côté sculptural, pour qu'à leur sortie de la forêt, la sensation d'une présence imposante soit très forte. »

Dakota Fanning dans le rôle de Jane.

Charlie Bewley dans le rôle de Demetri.

Esquisse de costume pour Jane.

Daniel Cudmore dans le rôle de Felix.

Les Volturi ont été harnachés pour « glisser » au-dessus du sol.

Cameron Bright dans le rôle d'Alec.

Jacob, Bella et Edward passent une longue nuit sous la tente.

« Dans *Tentation*, Jacob détestait Edward de toutes ses forces. Mais maintenant, dans *Hésitation*, il est obligé de faire équipe avec lui pour protéger Bella, ce qui le force à fréquenter un peu plus le vampire. Dans la scène de la tente, Jacob et Edward parlent à cœur ouvert pendant que Bella fait semblant de dormir. Edward peut lire mes pensées, alors je lui demande de me faire partager les siennes. Et il s'ouvre un peu. Il laisse entendre à Jacob que ce dernier pourrait être un meilleur choix pour Bella que lui. C'était ma scène préférée dans le livre et je pense que notre interprétation est plutôt réussie. »

— TAYLOR LAUTNER

Hésitation

Robert Pattinson dans le rôle d'Edward Cullen.

Hésitation a nécessité un travail très important de postproduction. À la mi-janvier, David Slade avait terminé son montage, et après des semaines de remaniement, le film pouvait être présenté à Summit Entertainment. « Le film a été très bien accueilli, a déclaré David Slade à l'issue de la projection. Je suis survolté. Ça n'a pas été facile. L'histoire était dense et il fallait que chaque personnage soit mis en lumière. »

Il a ensuite fallu travailler la couleur. Cette étape ne se limite pas à l'étalonnage des tirages en vue des projections, mais permet de modifier, de varier et d'ajuster toute la colorimétrie du film. Il s'agit d'un processus récent dans l'industrie du cinéma. Le Digital Intermediate (DI) est un master numérique de haute qualité, qui permet un contrôle des couleurs d'une précision qu'il était impossible d'atteindre il y a encore quelques années. Il est désormais possible de plonger toute une scène dans l'ombre ou d'ajouter de la lumière, de corriger une seule valeur de couleur dans une zone précise, ou encore de créer des reflets d'un réalisme confondant.

David Slade avait déjà utilisé des outils similaires pour des clips et des pubs TV, mais dans un contexte en basse définition. Il maîtrisait donc ce savoir-faire lorsqu'il s'est lancé dans la réalisation au cinéma. Pour son film *Hard Candy*, tourné en espace clos, l'intensité de la couleur était un élément-clé. Le coloriste avec qui il avait alors travaillé, Jean-Clément Soret (présent sur les films *La Cité des enfants perdus* et *Slumdog Millionaire*), est venu l'épauler sur *Hésitation*.

« Javier Aguirresarobe et moi avons beaucoup discuté en préproduction de la tonalité de chaque scène et de ce que devrait être celle de la séquence finale, explique David Slade. La couleur est un moteur émotionnel. Vous ne la remarquez peut-être pas, mais vous la ressentez. Ça ne tient pas uniquement au fait que quelque chose doit être chaud ou froid, mauve ou rouge. Tout dépend des besoins de la scène. »

Pour Tippett Studio, chacun des choix du réalisateur avait une incidence sur les loups numérisés, et l'équipe s'est assurée d'avoir une première idée du master. « C'était important, car les représentations de nos loups réagissent de façon très fine à la couleur, note Eric Leven. Le loup de Jacob en particulier présentait une palette assez sensible. Sur un fond de forêt bleu-vert, le loup roux de Jacob perdait tout d'un coup un peu de son rouge, alors que c'est précisément sa caractéristique principale ! »

Dans le même temps, certains des décors récurrents étaient démantelés pour être stockés. Même si tous les décors sont provisoires, ceux qui pourraient être réutilisés sont conçus pour être démontés et remontés pour la production suivante. C'est le cas de la maison de Bella et de celle des Cullen, composées de parois amovibles et de modules entièrement démontables.

« LA COULEUR EST UN MOTEUR ÉMOTIONNEL. VOUS NE LA REMARQUEZ PEUT-ÊTRE PAS, MAIS VOUS LA RESSENTEZ. »

« Les fans sont viscéralement attachés au respect intégral de l'histoire, et Summit aussi, déclare Bill Bannerman. Dès le départ, le studio a tenu à se montrer à la hauteur du travail de Stephenie Meyer et de Catherine Hardwicke, la réalisatrice de *Twilight*. Nous n'aurions pas remporté ce défi si, par exemple, nous n'avions pas reproduit à l'identique la maison des Cullen. Nous nous sommes sentis obligés de respecter les détails les plus infimes, depuis l'aspect des tableaux accrochés aux murs jusqu'à la couleur des vêtements. Le public d'aujourd'hui a été éduqué par un cinéma d'une technologie très avancé, auquel les grandes sagas aux budgets colossaux initiées par *Star Wars* ont ouvert la voie. Aujourd'hui, les spectateurs s'attendent à un niveau de qualité et de précision extrêmes. S'ils adorent une série de romans, ils veulent retrouver au cinéma la même excitation qu'ils ont connues pendant leur lecture. »

« Nous nous sommes sentis obligés de respecter les détails les plus infimes. »

« Le succès au cinéma s'explique bien entendu par la richesse de l'histoire imaginée par Stephenie Meyer, assure Rob Friedman, mais également par la créativité des équipes de chacun des films. Cela dit, le phénomène *Twilight* ne serait jamais devenu ce qu'il est sans l'enthousiasme de ses fans. Sans leur appui et leur présence, nous n'aurions jamais pu réaliser ces films. Non seulement nous avons des équipes formidables, mais nous sommes portés dans le monde entier par une communauté qui adore cette saga. »

Bella (Kristen Stewart) a une conversation difficile avec Jacob (Taylor Lautner).

> « Cette série est un phénomène absolu. Ça fait 25 ans que je travaille dans le cinéma et je n'ai jamais rien vu de tel ! C'est peut-être Internet qui a généré ce flot irrépressible de Twilighters totalement accros. On a retrouvé en Italie des fans qui étaient déjà venus nous voir à Vancouver ! C'est difficile à analyser, mais les facteurs sont multiples. Les romans ont créé un premier raz-de-marée, auquel se sont ajoutées la popularité des films et celle des acteurs. J'ai également beaucoup d'admiration pour nos comédiens qui arrivent à supporter toute cette pression, car c'est une tension de tous les instants. »
>
> — TISH MONAGHAN

Un samedi matin en ce début de l'année 2010, David Slade réfléchissait à *Hésitation* devant un bon café. On compare parfois une production cinématographique à une équation mathématique complexe, dont le réalisateur serait le génial calculateur : « C'est vrai que la réalisation d'un film est une équation complexe dont les inconnues sont multiples, avec de nombreux choix à effectuer. Il s'agit de donner son avis sur des échantillons de tissu aussi bien que sur le fil narratif des personnages, conclut David Slade. Mais aussi de trancher sur la couleur d'un mur, ou encore de décider du nombre de poils sur le dos d'un loup créé par ordinateur ! »

Alors, malgré toutes ces données complexes, la logistique et les questions techniques à gérer, le réalisateur a-t-il eu le temps de prendre un peu de recul et d'apprécier cette fabuleuse entreprise ? Pour David Slade, les moments de panique ne sont rien à côté des instants de pur bonheur.

« En tant que réalisateur, vous êtes considéré comme celui qui a réponse à tout. Un acteur vient vous poser une question sur son rôle, des trombes d'eau se mettent à tomber dans une scène où il devrait faire beau et, à chaque fois, vous devez trouver une solution ou remonter le moral de l'équipe. C'est sûr, de temps en temps, vous tombez en arrêt devant une réalisation telle que la maison des Cullen ou le sommet de la montagne, en pensant que c'est super, mais une nouvelle question vient interrompre votre rêverie. En fait, dès que vous êtes en train de vous dire que quelque chose est extraordinaire, on vient vous poser une question ! Pour moi, le métier de réalisateur est avant tout extrêmement gratifiant, en dépit de tous les conflits qui y sont inhérents.

« Je n'avais jamais rêvé d'être réalisateur jusqu'à ce que je le devienne. Ce qui comptait pour moi, c'était de transposer à l'écran les images que j'avais dans la tête. Je maîtrisais la technique, mais je n'obtenais jamais le résultat que j'avais imaginé. Jusqu'au jour où, pour la première fois, j'ai réussi ! C'était un clip vidéo et… Oh là là ! Je l'avais vu *exactement* comme ça ! En fait, ça faisait presque peur. Aujourd'hui, j'ai bien rodé le côté préparation, et mon véritable problème, c'est d'arriver à agir aussi vite que je pense. Parfois, je surveille l'action à partir de l'écran de contrôle pour m'assurer que la mise en place et la caméra sont au point. Et pendant la scène, lorsque je regarde la performance d'un acteur, je pense à tout le travail qui a été nécessaire pour donner naissance à ce moment de cinéma.

« Et puis, quand tout se passe bien et que vous voyez un acteur au sommet de son art, il arrive que vous viviez un sorte de flash. Vous avez la chair de poule, l'émotion vous monte à la gorge et vous ressentez tout ce qu'on éprouve devant quelque chose d'extraordinaire. »

« Stephenie m'a raconté que pour la bague de fiançailles, elle avait pensé qu'Edward offrirait à Bella celle que sa mère avait portée, qui donc aurait été fabriquée à la fin du XIXe siècle… Stephenie l'imaginait assez longue, couvrant toute une phalange, avec des pierres minuscules, comme un pavé de diamants légèrement bombé. La bague qui a finalement été créée est incrustée de soixante-dix minuscules pierres. Elle est vraiment exceptionnelle. »

— GILLIAN BOHRER

« C'est toujours un peu difficile d'améliorer ses performances et de faire légèrement évoluer son personnage lorsqu'un nouveau réalisateur fourmille d'idées innovantes. Mon plus grand espoir est que les fans verront que tous les films sont liés entre eux et ne sont pas une succession d'épisodes. Ils se situent tous dans un laps de temps assez court et les relations entre les personnages changent de façon subtile. J'espère que tout le monde sera sensible à cette évolution graduelle. »

— ROBERT PATTINSON

« À chaque film, je me fais une nouvelle famille, que je quitte quand il est terminé, commente Wyck Godfrey. J'ai toujours eu un tempérament nomade, je finis un film et je pars sur un autre tournage, dans un autre pays. Ce que j'adore dans cette saga, c'est cette sensation des colonies de vacances où on revoyait les mêmes visages chaque année. Ça m'a fait très plaisir de retrouver ma famille de *Twilight* dans *Tentation* et *Hésitation*. Maintenant, quand je vois Bella et Edward à l'écran, un sourire me vient aux lèvres parce que je les connais bien. D'habitude, au cinéma, on commence par vous présenter les personnages, ce qui est inutile avec les séries, et je crois que ça fait partie du charme. Le public découvre les personnages en profondeur au fur et à mesure des différents épisodes ; il est d'autant plus embarqué dans l'aventure cinématographique. »

Les spectateurs ignorent la réalité qui se cache derrière les paillettes : les réveils dans le froid du petit matin, les acteurs qui passent des heures entre les mains des coiffeurs et des maquilleuses avant d'endosser leur rôle, les longues marches dans la forêt ou la montagne, les dents qui claquent sous la pluie, les répétitions interminables, les heures de préparation et les séances de travail ; ils n'imaginent pas les caméras ou les lumières. Chaque pièce du puzzle doit s'intégrer à sa place en douceur.

« L'un des avantages de travailler sur une suite, c'est la continuité dans le travail avec l'équipe de comédiens et de techniciens, affirme Patrick Wachsberger. Cette famille étendue garantit non seulement harmonisation et efficacité, mais instaure également une meilleure implication de tous, dans la mesure où ils ont l'impression de participer à une grande œuvre. »

David Slade dirige Robert Pattinson et Kristen Stewart.

Mais en parallèle à toutes ces longues heures de labeur intense, les participants vivent tous des moments magiques. « La magie est toujours présente, déclare Joann Fowler. Ça peut être le tournage d'une scène où les acteurs géniaux réalisent des prouesses. Ou ce sont les effets : une montagne couverte de neige dans un studio avec de vrais arbres qui sentent comme des sapins de Noël… Ou encore des cascades époustouflantes : une vraie belle cascade, c'est fantastique à voir ! On est en perpétuelle "création", comme le sont les enfants lorsqu'ils disent "On dirait que" ou "On ferait comme si", et c'est merveilleux. Quel que soit le film, je suis systématiquement impressionnée. »

« Je suis toujours bouleversée par les acteurs bourrés de talent qui se trouvent devant mon objectif, et honorée par la confiance qu'ils me portent. C'est un tel bonheur de faire de belles photos de plateau. Toute l'équipe compose une même grande famille d'artistes, dont le travail ne vise qu'un seul but : réaliser un film. »

— KIMBERLEY FRENCH

« Je crois que les romans décrivent des émotions partagées par tout le monde. Chacun d'entre nous a été blessé par quelqu'un ou quelque chose à un moment de sa vie. Et le chemin de l'épanouissement spirituel est la capacité de pardonner à ceux qui vous ont fait du mal. L'ensemble de cette aventure a été du pur plaisir. Dans le premier film, Taylor avait seize ans et était beaucoup plus petit que maintenant. Le voir pousser comme ça devant mes yeux m'a rendu très fier de lui. Quant au reste de la troupe, c'est comme ma deuxième famille. On en est au troisième film maintenant, et chaque fois que je reviens sur le plateau, j'ai l'impression de rentrer à la maison, je vous assure. »

— GIL BIRMINGHAM

J'espérais être aussi forte que ce que m'avait décrit Edward. Forte et rapide, belle surtout. Une femme digne d'Edward[6].

NOTES

1 *Hésitation*, Stephenie Meyer, Hachette Livre, 2007, traduit de l'anglais par Luc Rigoureau, page 377 (titre original : *Eclipse*, publié par Little, Brown and Company, États-Unis, 2007).

2 *Ibid.*, pages 264-265.

3 *Tentation : Le Guide officiel du film*, Mark Cotta Vaz, Hachette Livre, 2009, page 135 (titre original : *The Twilight Saga: New Moon, The Official Illustrated Movie Companion*, publié par Little, Brown and Company, États-Unis, 2009).

4 *Hésitation*, Stephenie Meyer, page 243.

5 *Ibid.*, page 163.

6 *Ibid.*, page 346.

À l'exception des interviews pages 46, 47, 56, 57, 96, 97, 106, 107, toutes les citations des acteurs sont tirées des kits de presse électroniques. L'auteur remercie Summit Entertainment d'avoir mis ces documents à sa disposition pour le présent ouvrage.

REMERCIEMENTS

Je suis reconnaissant envers Little, Brown and Company de m'avoir fait confiance dans ce reportage sur le « making of » des films de la saga *Twilight*, et je remercie en particulier Erin Stein, dont le travail et l'œil de lynx ont permis de concevoir cet ouvrage.

Mes remerciements également à Summit Entertainment qui m'a facilité l'accès aux différentes personnes interviewées, notamment à Eric Kops, qui a aplani toutes les difficultés, et à Derek Schulte, qui a toujours accédé à mes requêtes. Mes remerciements spéciaux à tous mes intermédiaires de génie : Erica Farjo au bureau de David Slade, Isaac Klausner au bureau de Wyck Godfrey, Gillian Smith qui m'a mis en rapport avec Melissa Rosenberg, sans oublier Lori C. Petrini et Niketa Roman chez Tippett Studio.

Un hurlement de loup à mon agent, John Silbersack, pour sa disponibilité et son talent incroyable, et à son assistante, tout aussi extraordinaire, Emma Beavers.

Un petit coup de mon vieux chapeau à mon clan : mon père et Katherine, Maria, Patrick, Peter et Teresa, ainsi qu'à mes Twilighteuses préférées, Katelin Vaz Labat et Bettylu Sullivan Vaz, ma mère, lectrices inconditionnelles de mes manuscrits. Le magicien des effets visuels Bruce Walters a travaillé avec son zèle habituel sur la photo de l'auteur. Merci, Bruce ! Et toutes mes pensées à Jordan's Books pour leur soutien indéfectible ! Et à Mike Wigner, le plus grand messager à bicyclette du monde. Rendez-vous au Vesuvio, Wig ! J'ai bouclé.

Photo © Bruce Walters

L'AUTEUR

Mark Cotta Vaz est l'auteur de vingt-neuf ouvrages. Il a écrit *Le Guide officiel du film* de *Twilight* et de *Tentation*, best-sellers primés par le *New York Times*. Ses ouvrages ont souvent été récompensés, comme *The Invisible Art: The Legends of Movie Matte Painting* (écrit avec le réalisateur oscarisé Craig Barron), la biographie *Living Dangerously: The Adventures of Merian C. Cooper, Creator of King Kong*, et *Industrial Light & Magic: Into the Digital Realm*, une chronique de la deuxième décennie de la maison, célèbre pour ses effets visuels.

LE DEUXIÈME CHAPITRE
DE LA SAGA PLANÉTAIRE !
EN ÉDITION ULTIME LIMITÉE
twilight
chapitre 2
tentation
INCLUS DANS CETTE EDITION
ULTIME POUR LES FANS :
L'édition collector DVD (film & bonus)
Un 3e DVD avec près de 3 heures de bonus inédits
La réplique officielle du "dreamcatcher" que Jacob offre à Bella
Un cadre photo
5 photos
Les posters des 3 clans : les Quileutes, les Cullen et les Volturi
Une Marie-Louise pour adapter vos propres photos au format du cadre Twilight
PLUS FASCINANTE QUE JAMAIS,
LA SAGA REVIENT NOUS ENVOÛTER LE 30 JUIN
TOUJOURS DISPONIBLES,
LES ÉDITIONS SIMPLE, COLLECTOR ET
Blu-ray Disc
www.twilight.m6.fr
SUMMIT
M6 VIDEO
onirik
TM & © 2010 Summit Entertainment, LLC. All Rights Reserved. Conception Graphique © 2010 SND. Tous droits reserves.

Dans la collection black moon

retrouvez la saga

fascination

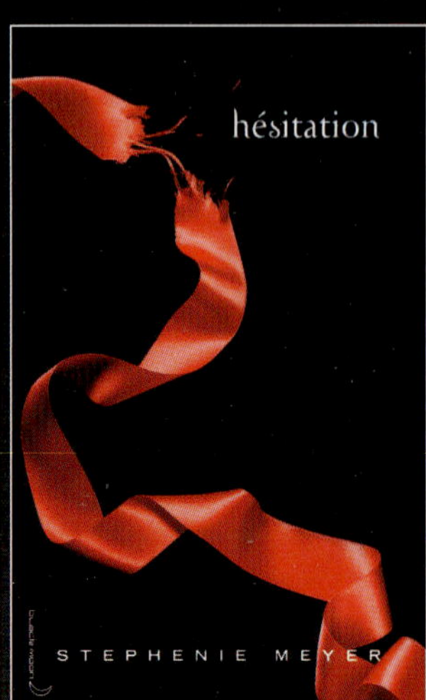

La communauté Black Moon sur
www.Lecture-Academy.com